L'inconscient freudien : y a-t-il quelque chose à sauver ?

Dominique Campion

L'inconscient freudien : y a-t-il quelque chose à sauver ?

Odile Jacob

15, RUE SOUFFLOT, 75005 PARIS

www.odilejacob.fr

ISBN 978-2-4150-0411-8

À *Nicole*.

Avant-propos

Ce n'est que dans la seconde moitié du XXe siècle, après avoir tordu le cou au réductionnisme extrême de l'approche béhavioriste qui prétendait rendre compte de toute vie psychique à partir des seuls concepts de stimulus et de réponse, que les neurosciences ont réellement pris leur essor. L'objet de cette quête scientifique est parfaitement résumé par le propos suivant, que j'emprunte au neurologue Antonio Damasio : « Selon moi, c'est là le phénomène central de la neurobiologie : des représentations neurales, consistant en la modification biologique de circuits neuroniques par les processus de l'apprentissage, donnent lieu à des images au sein de notre monde mental. Autrement dit, des changements microscopiques dans les circuits neuroniques (affectant les corps cellulaires, les dendrites, les axones et les synapses) déterminent des représentations neurales, lesquelles déterminent à leur tour des images que nous ressentons comme appartenant à notre moi propre [1]. » La méthodologie de cette science et l'articulation des différents niveaux d'explication ont été définies en une synthèse célèbre par David Marr en les termes suivants : le cerveau est une machine qui fondamentalement produit et trie de l'information. L'analyse de ce traitement doit être abordée à trois niveaux différents. Premièrement, au niveau fonctionnel : quelles sont les *finalités* du système de traitement, à quoi servent les différents sous-systèmes que nous y identifions ? En deuxième lieu, au niveau algorithmique : quelles sont les *modalités* du traitement, quelles opérations sur les données d'entrée permettent d'obtenir les représentations du réel que le cerveau construit et manipule ? En troisième lieu, au niveau biologique : comment ces processus de traitement sont-ils implémentés dans des structures nerveuses précises ? Répondre à ces trois questions représente le Graal de tout adepte des neurosciences.

Machine, dispositif effectuant une tâche... Mais quelle est donc fondamentalement la tâche dévolue au cerveau ? La réponse du biologiste est la suivante : permettre à l'organisme de s'adapter à son milieu, *organiser sa survie afin de garantir la transmission optimum de ses gènes*. Lesquels gènes justement, pour une partie d'entre eux, gardent une mémoire, un plan, des dispositifs neuronaux qui, à l'usage, au cours de millions d'années d'évolution se sont révélés efficaces pour remplir ce contrat. L'organisation du cerveau est donc sous forte contrainte génétique, mais la génétique n'épuise pas la question. Contrairement à celui des autres organes, qui sont tributaires des mêmes exigences générales, son plan d'organisation n'est pas entièrement figé. La machinerie cérébrale est précisément conçue pour être capable d'apprendre, de reconfigurer dans certaines limites ses circuits sous l'influence de l'expérience. Le cerveau traite de l'information, mais ce n'est pas un ordinateur semblable à ceux que, jusqu'ici, il a lui-même imaginés. Ni un ordinateur classique, machine aux capacités très limitées, tout juste capable d'effectuer une série d'opérations stéréotypées selon un ordre séquentiel lui ayant été spécifié *a priori*. Ni même un ordinateur capable de *machine learning* qui, lui, n'est pas prisonnier d'un programme rigide mais se montre capable d'apprendre à partir des données qui lui sont fournies. Sur nos machines que nous avons dotées depuis quelques années de cette « intelligence artificielle » en nous inspirant précisément du fonctionnement cérébral, nous sommes en passe de franchir un pas important. Mais nous sommes bien loin du compte : le cerveau n'est pas seulement une machine qui *apprend*, c'est aussi une machine qui *éprouve des sensations* et qui a *conscience d'animer un organisme*. Toutes propriétés que nous ne savons pas reproduire. Et qu'il est illusoire d'envisager de reproduire tant que nous n'aurons pas défini dans le détail les différents types d'information que le cerveau génère pour parvenir à ce but.

Au tournant du siècle dernier, une impulsion décisive a été apportée à ce champ de recherche par deux prix Nobel prestigieux, Francis Crick (le codécouvreur de l'ADN comme support de l'hérédité) et Gerald Edelman (découvreur de la structure des anticorps), lorsqu'ils ont émis la proposition selon laquelle, en fonction des avancées technologiques et conceptuelles, la question de la conscience devenait une question scientifique majeure. Selon eux, la conscience, et tout ce qui en découle en matière de constructions psychologiques, bien loin d'être de l'ordre de l'ineffable et de l'esprit pur, comme nous l'a enseigné un dualisme encore très prégnant, doit effectivement s'envisager comme un *mode particulier de traitement de l'information* par notre cerveau, et est donc accessible à l'investigation scientifique. Supportée par les avancées technologiques, la recherche des processus neuronaux associés aux phénomènes conscients devenait d'actualité. Mais qui dit phénomènes conscients dit aussi phénomènes inconscients. L'articulation des processus conscients et inconscients au sein du psychisme humain est un thème majeur qui n'a pas fini de nous occuper. Sur ce terrain, nous ne pouvons ignorer qu'au début du XXe siècle un précurseur, Sigmund Freud, neurologue de son état, dépourvu de tous les moyens modernes d'investigation de l'activité cérébrale, avait déjà abordé la question. Les conceptions freudiennes sont centrées sur l'existence d'un inconscient doté de buts et d'exigences propres, étrange entité agissant pour son propre compte, à notre insu, au sein de notre psychisme, affublé, comme l'a noté fort justement Lionel Naccache, d'attributs habituellement réservés à la conscience[2]. À première vue, ces conceptions s'articulent difficilement avec les données issues des neurosciences qui, cependant, il faut le souligner, font une part très importante aux processus inconscients de traitement de l'information, y compris dans des opérations mentales complexes.

En 1998, un autre prix Nobel, Eric Kandel, connu pour ses travaux fondamentaux sur les mécanismes moléculaires de la mémoire, mais également psychiatre, a publié un article, « Un nouveau cadre pour la psychiatrie[3] », traitant des rapports entre cerveau et esprit, qui a lui aussi exercé une grande influence. Dans cet article, après avoir une fois encore combattu les avatars récents du vieux dualisme selon lequel les choses de l'esprit n'auraient rien à voir avec celles du corps, il dressait le constat suivant : nos capacités d'investigation du cerveau humain au moyen de techniques d'imagerie de plus en plus sophistiquées nous permettent maintenant d'approcher un niveau de résolution suffisant pour visualiser les processus neuronaux associés à toute activité mentale. Mais pour que ces techniques soient utilisées de façon optimum, et sachant qu'en règle générale on ne trouve que ce que l'on cherche, nous avons, insistait-il, absolument besoin de *mettre en rapport ces données biologiques avec des données et des concepts issus de la psychologie.* « La psychiatrie, la psychologie cognitive et la psychanalyse, écrivait-il, peuvent préciser pour la biologie les fonctions mentales qui doivent être étudiées pour une compréhension significative et sophistiquée du psychisme humain[4]. » Ou, pour parler comme David Marr, pour définir « quelles sont les questions traitées par la machine ». Problème non trivial s'il en est. Dans ce cadre, Kandel pensait que les concepts issus du freudisme devaient être examinés avec soin afin de permettre aux « aperçus de la perspective psychanalytique de fournir des informations utiles à la recherche d'une compréhension plus profonde des bases biologiques du comportement ». Dans un second article écrit peu après, « La biologie et le futur de la psychanalyse : un nouveau cadre intellectuel pour la psychiatrie revisité[5] », il réaffirme l'importance des concepts freudiens, identifie quelques points où, selon lui, des convergences avec les catégories utilisées en neurosciences doivent être explorées et plaide pour la création d'une nouvelle discipline réunissant neurobiologie, psychologie cognitive et psychanalyse. Vingt ans après, l'essor de cette « neuropsychanalyse », comme certains l'ont appelée, n'apparaît pas fulgurant. D'une part, à de rarissimes exceptions près, cette démarche a été accueillie par une fin de non-recevoir de la part des milieux analytiques campant sur leur position défensive traditionnelle, selon laquelle freudisme et neurosciences « relèveraient de deux champs radicalement différents ». Ce n'était pas là l'opinion de Freud au début de sa carrière (ce dernier arguant qu'un rapprochement entre ses conceptions et la biologie était prématuré, mais non point sans objet ni utilité), mais cela l'est effectivement peu à peu devenu. D'autre part, il faut bien le reconnaître, dans le milieu des neurosciences, cette ouverture n'a pas été reçue avec un excès d'enthousiasme, beaucoup de chercheurs considérant qu'ils avaient suffisamment à faire avec les données issues de la psychologie cognitive.

En fait, la confrontation psychanalyse/neurosciences tient souvent du dialogue de sourds. On connaît bien les arguments des uns et des autres. Embrouillé, contradictoire, non fondé sur des données expérimentales, et surtout désespérément coupé de toute base biologique, il n'y a pour les uns rien à sauver dans l'édifice freudien. À l'opposé, les tenants des approches purement psychodynamiques reprochent aux neurosciences leur réductionnisme extrême conduisant de fait à la mise à l'écart de la plus grande part de la vie psychique. Toutefois, un certain nombre d'ouvrages traitant de ce sujet ont été publiés depuis une cinquantaine d'années, certains se bornant à des généralités, d'autres s'attachant à examiner dans le détail une série de concepts freudiens à la lumière de nos connaissances sur le fonctionnement cérébral (Pribram et Gill, 1968 ; Hochmann et Jeannerod, 1991 ; Solms et Turnbull, 2002 ; Ansermet et Magistretti, 2004 ; Naccache, 2009 ; Crommelinck et Lebrun, 2017[6]).

CHAPITRE 1

L'apport de Freud à la compréhension du psychisme

Vouloir discuter de l'inconscient freudien est toujours une tâche ardue tant Freud, au fil de ses élaborations successives, a produit de théories différentes, disjointes, voire carrément contradictoires. Aussi, au risque de déplaire à telle ou telle sous-école veillant sur l'héritage du maître, vais-je mettre en exergue ce qui, à mes yeux, constitue le noyau dur de la conception freudienne, ce sur quoi une confrontation avec les connaissances actuelles issues des neurosciences me semble nécessaire et peut s'avérer fructueuse. Ce qui est apparu si nouveau et si dérangeant dans la vision freudienne de l'inconscient est l'affirmation selon laquelle, lorsqu'il est lancé dans la vie, chaque être humain se trouve placé aux commandes d'une machinerie qu'il ne contrôle que très partiellement et qui, à son insu, va pourtant gouverner ses désirs exprimés ou fantasmés, ainsi que ses investissements affectifs ou intellectuels, donc des aspects essentiels de sa personnalité. Le message freudien en ce qu'il a de plus provocateur tient en cette célèbre phrase : « Le moi n'est pas maître en sa demeure. » Ce sont des conflits psychiques survenus dans l'enfance et dont le sujet n'a pas conscience qui vont structurer en profondeur la construction de son moi.

Stades de maturation psychique

À partir de cette constatation, Freud décrit chez l'enfant une série de stades développementaux dont il proclame le caractère inéluctable et universel, quelle que soit la culture ambiante. Stade oral, où la vie psychique s'éveille à partir d'expériences liées à la satisfaction primordiale des besoins alimentaires par la mère, expériences vécues dans un contexte émotionnel intense, scandées par l'opposition plaisir/déplaisir. Peu à peu l'enfant, à partir d'une indistinction initiale, va ainsi prendre la mesure du hiatus entre ses désirs et la réalité extérieure. Stade anal ensuite, où, dans un contexte d'auto-érotisme, son intérêt se polarise sur la maîtrise de la défécation et de la rétention des matières fécales. Stade essentiel où, à partir de cette opposition, se conforte une relation à un objet extérieur. Puis stade génital, où la mère est l'objet du désir sexuel du fils, le père étant vécu comme le rival, le tiers qui barre le chemin à ce désir incestueux. C'est la phase du complexe d'Œdipe, entre 3 et 5 ans, à l'issue de laquelle le fils se sent menacé dans l'intégrité même de l'organe qui est le siège de ses pulsions. Cette angoisse de castration met en péril de façon radicale son intégrité corporelle. Cette phase se résoudra par le refoulement, l'expulsion hors du champ de la conscience des affects et des représentations fantasmées construites au cours de cette période. Il ne s'agit pas là d'une mise à l'écart consciente, mais Freud insiste sur ce point, d'un *mécanisme de défense inconscient* par lequel le sujet se débarrasse de représentations mettant en danger son moi en construction. À l'issue de cette réorganisation majeure du psychisme infantile se structure cette bipartition fondamentale du psychisme humain instituant une distinction entre le moi d'une part et la réalité extérieure d'autre part. Rejetées hors du champ de la conscience, les représentations archaïques ne disparaissent pas totalement pour autant. Il en persiste des traces qui périodiquement feront retour. Simultanément se constitue une nouvelle instance, le surmoi, qui va consacrer la soumission de l'enfant aux exigences et interdits parentaux et l'identification à l'image paternelle. Tout est bien qui finit bien et, forgé dans ce creuset, se forme le moi conscient de l'humain de base, raisonnablement névrosé, mais suffisamment adapté à l'ordre ambiant pour lui permettre de transmettre ses gènes, de travailler pour « gagner sa vie », comme on dit, et de s'adapter aux règles sociales en vigueur sans trop rechigner. Tout un programme…

L'universalité du complexe d'Œdipe

Avec la meilleure volonté du monde, on ne manquera pas de relever que ce schéma œdipien présenté par Freud comme intangible, universel, ne s'applique au mieux qu'à la moitié de l'humanité, qu'il correspond plus exactement au parcours fantasmatique d'un petit garçon (Freud lui-même ?) dans le cadre de la société viennoise du début du XXe siècle. *Quid* du destin pulsionnel de l'autre moitié de l'humanité ? Il est vrai qu'avec un peu d'imagination – et nombreux s'y sont essayés – on peut lui concevoir un parcours symétrique, la confrontant elle aussi à la frustration de ses pulsions.

La frustration du désir et ses conséquences, voilà bien où résiderait l'universel proclamé, par-delà les contingences culturelles. Le point important est qu'à tous les stades précédemment décrits l'enfant va fondamentalement buter sur le même problème, le conflit inéluctable entre ses pulsions, régies selon les exigences tyranniques du *principe de plaisir*, « qui exigent satisfaction immédiate », « par les voies les plus courtes », et les contraintes du monde extérieur, auxquelles il faut s'affronter en adoptant des stratégies adaptées, selon l'exigence du *principe de réalité*. Confronté à l'inévitable frustration de son désir, l'enfant n'a pas le choix. Il doit renoncer à un univers mental primordial fait de relation fusionnelle avec sa mère pourvoyeuse de ses besoins, de toute-puissance et d'indistinction avec le monde extérieur. Ce n'est qu'à ce prix qu'il peut se construire en tant que sujet.

Cette problématique présente un double intérêt qui, à mon sens, explique pourquoi, en dépit des errements de la plupart de ses thuriféraires actuels, la doctrine freudienne continue d'exercer un attrait certain. Elle implique, d'une part, une maturation graduelle du moi par une série d'étapes plausibles confrontant le petit humain à son milieu familial, elle lie, d'autre part, la présence de représentations inconscientes repérées chez l'adulte à ce processus de construction même. A-t-elle une validité ? Peut-elle s'articuler, au prix de quelques reformulations s'il le faut, avec ce que nous savons à ce jour du fonctionnement cérébral ? Tels sont les points que nous allons examiner.

Le « mythe scientifique » freudien

Soyons clair, le freudisme n'est pas une science, tout juste un « mythe scientifique », selon l'étrange expression du maître. Même s'il a maintes fois proclamé le contraire, Freud, dans la pratique, a construit sa théorie en faisant comme si la vie mentale existait en dehors du fonctionnement cérébral. C'est là un point capital de désaccord avec les neurosciences actuelles, qui cherchent au contraire en permanence à établir des ponts entre cerveau et pensée. Ne lui jetons pas trop vite la pierre cependant. La « psychologie scientifique » ancrée « sur le substrat biologique » dont, jeune neurologue, il a rêvé était certainement hors de portée dans le contexte de l'époque. Il a donc fallu se contenter du « mythe scientifique ». Redoutable construction. Avec le danger omniprésent, au royaume de la pensée symbolique, des associations d'idées arbitraires, de céder aux vertiges de la causalité magique et au final, à coups d'interprétations sauvages, pour le médecin de projeter ses propres fantasmes sur le patient. Tous ces travers ont été stigmatisés avec juste raison par Michel Onfray [1], ils incitent à la plus grande circonspection quand on examine les concepts freudiens, mais n'autorisent pas à mon sens un rejet en bloc et *a priori*.

L'univers conceptuel de Freud et celui des neurosciences sont toutefois à ce point disjoints que la recherche d'une synthèse harmonieuse me paraît relever d'une illusion sans avenir. Notre propos ici sera beaucoup plus circonscrit. Il s'agira pour nous d'examiner si, sur quelques points clés, les élaborations freudiennes *peuvent nourrir le projet propre des neurosciences* de mise en corrélation des phénomènes psychiques avec leurs bases neuronales. Aussi, nous n'aborderons pas plus avant la métapsychologie freudienne et son « appareil psychique » doté d'« instances » aux contours élusifs et sans cesse redéfinis, pas plus que nous ne nous attarderons sur les stupéfiantes interprétations, assenées sur le mode de l'évidence, concernant la symbolique des rêves.

La cure psychanalytique

Le grand œuvre de Freud, nul ne l'ignore, est la psychanalyse, une « méthode d'investigation consistant essentiellement dans la mise en évidence de la signification des paroles, des actions, des productions imaginaires (rêves, fantasmes, délires) d'un sujet », selon la définition qu'en donnent Laplanche et Pontalis dans leur *Vocabulaire de la psychanalyse*[2], ouvrage de référence auquel nous emprunterons les citations ci-dessous (y compris, sauf mention contraire, celles de Freud, tout au long de ce livre). Nous voilà prévenus. Nous nous proposons d'examiner un ensemble de concepts forgés au moyen d'une méthode particulière, *l'interprétation du sens latent dans le dire et les conduites d'un sujet*, tels qu'ils sont essentiellement recueillis et analysés au cours du processus de la cure psychanalytique. D'où une objection préalable parfois entendue : que peut dire de pertinent concernant l'inconscient freudien quelqu'un qui ne s'est pas lui-même allongé sur le divan ? *Nobody is perfect*, certes. Mais enfin un concept est un concept. À partir du moment où quelqu'un le lance dans la sphère publique, il doit accepter qu'il soit confronté aux autres conceptions du fonctionnement mental.

De surcroît, nous devons également prendre en compte que la psychanalyse ne se réduit pas à une théorie psychologique visant à établir le rôle de l'inconscient dans le fonctionnement mental. Elle se revendique également, au travers du processus formalisé de la cure, comme un *procédé thérapeutique* visant à soigner les maladies mentales grâce à une prise de conscience, médiée par le langage, de l'emprise néfaste de cet inconscient. Cela est censé se produire en confrontant le sujet à « l'interprétation contrôlée [par l'analyste] de la résistance, du transfert et du désir[3] ». Bien que ce ne soit pas l'objet premier de cet ouvrage, il peut sembler difficile de s'intéresser aux concepts freudiens sans aborder, même brièvement, l'usage pratique que Freud et ses successeurs en ont fait. Un mot donc à ce sujet. À y regarder de près, Freud s'est toujours montré assez circonspect sur les vertus thérapeutiques de la psychanalyse. Il a clairement distingué les dimensions de déstructuration/restructuration du psychisme par la cure, selon lui fondamentales, des dimensions curatives éventuelles, présentant celles-ci comme des « effets secondaires du travail analysant » ou comme « gain marginal ». Lacan, auteur de la célèbre formule « la guérison vient de surcroît », prend la peine de préciser : « S'il [le psychanalyste] admet donc la guérison comme bénéfice de surcroît de la cure psychanalytique, il se garde de tout abus du désir de guérir[4]. » L'éventuelle guérison ramenée au rang d'effet collatéral donc. Pour ma part, ayant au cours de ma carrière durablement côtoyé des personnes s'étant prêtées à cet exercice, patients ou confrères, je doute que la cure analytique, fût-elle interminable, ce qu'il se doit, n'ait jamais « guéri » qui que ce soit de quoi que ce soit. Par contre, après quelque temps elle amène sans conteste ses aficionados à se penser dans les termes de la mythologie freudienne. Ce qui est un résultat en soi. La quête de sens est au cœur de notre condition humaine. Tant que cet exercice se pratique entre adultes consentants, il n'y a pas à redire, après tout chacun est libre de dépenser son temps et son argent (gage essentiel de l'investissement comme chacun sait...) à la poursuite d'une si louable cause. Mais quelle que soit l'efficacité avérée de la cure pour induire un nouveau système de croyances, cela, au final, ne nous renseigne guère sur la validité scientifique des concepts selon lesquels ces nouvelles croyances s'ordonnent, ce qui est le problème qui nous occupe. À cette fin, nous allons au cours des chapitres suivants, examiner sous l'éclairage des neurosciences deux des bases essentielles sur lesquelles se fonde l'inconscient freudien, la notion de pulsion d'une part, celle de refoulement d'autre part. Puis nous nous intéresserons au concept de psychose, initialement formulé par Freud et par la suite développé par ses héritiers, qui, selon eux, nous permettrait de comprendre la cause de modes de fonctionnement mental aussi déconcertants et divers que ceux rencontrés dans les syndromes schizophréniques ou autistiques.

CHAPITRE 2

Les pulsions à la lumière des neurosciences

Une notion centrale dans l'appareil conceptuel freudien est celle de pulsion : « processus dynamique [...] qui fait tendre l'organisme vers un but[1] ». Initialement, Freud distingue deux types de pulsions : les pulsions sexuelles et les pulsions d'autoconservation, centrées sur l'alimentation. Il écrit à cette époque : « Toutes les pulsions organiques qui sont à l'œuvre dans notre psychisme peuvent être classées, selon les termes du poète, en "Faim" ou en "Amour[2]". » Toutefois, à l'usage, cette distinction lui pose problème : dans l'activité de succion du sein par le nourrisson, par exemple, il considère que les deux pulsions sont présentes. Plusieurs fois, il remaniera sa classification pour finir par promouvoir une dualité entre une « pulsion de vie » et une « pulsion de mort » aux contours des plus obscurs. Ainsi écrit-il à la fin de sa vie : « Les pulsions sont des êtres mythiques, grandioses dans leur indétermination[3]. » Partis de considérations biologiques, nous finissons par échouer en pleine métaphysique, au point que de nombreux analystes en sont restés à la formulation initiale.

La pulsion, maintient Freud, est un « concept limite entre le psychisme et le somatique ». Elle se caractérise par des attributs psychologiques tels que son but, son objet, mais en même temps elle est conçue comme « une exigence de travail imposée à l'appareil psychique[4] ». Si donc la pulsion s'ancre dans le biologique, on doit en trouver une trace dans le système nerveux, ce qu'en termes actuels on nomme « corrélats neuronaux ». Pour couvrir cet aspect de la question Freud, lui, crée le concept de libido qui se rapporte spécifiquement à la pulsion sexuelle : « Nous appelons ainsi l'énergie, considérée comme une grandeur quantitative – quoiqu'elle ne soit pas actuellement mesurable – de ces pulsions qui ont à faire avec tout ce que l'on peut comprendre sous le nom d'amour[5]. » Une énergie non mesurable liée aux phénomènes psychosexuels... voilà qui de nouveau ne nous avance guère, sauf à se mouvoir dans le monde éthéré du pur esprit.

Pulsion versus *motivation*

Confrontons ces concepts à ceux des neurosciences. Qu'avons-nous de similaire à proposer ? Dans le langage des neurosciences, le « processus dynamique faisant tendre l'organisme vers un but » s'appelle « motivation ». La motivation, définie sur la base de dizaines d'années d'études comportementales chez l'animal, se caractérise, comme la pulsion freudienne, par un *but* et par une *intensité*.

Comment cerner de façon opératoire ce but ? Fondamentalement, pour survivre, un animal doit apprendre à adapter son comportement pour *rechercher activement des situations lui rapportant des récompenses et éviter les punitions*. C'est ce que l'on appelle le contrôle motivationnel. Pour adapter les animaux à leur environnement et permettre la transmission de leurs gènes, la sélection naturelle aurait pu favoriser des cerveaux fonctionnant comme nos premiers ordinateurs, c'est-à-dire où aurait été implémentée une suite d'instructions rigides du genre tel stimulus, telle réponse, et on passe à la case suivante. Évidemment, une telle manière de traiter l'information aurait été d'une rigidité absolue, donc sans grand avenir du point de vue évolutif. Telle n'a donc pas été la voie retenue, la sélection naturelle a au contraire favorisé la construction de cerveaux permettant de répondre à un cahier des charges minimal : apprends à discriminer dans le milieu toujours changeant ce qui maintient ton organisme en vie de ce qui est délétère, et à partir de là fais-lui faire ce qui te paraît bénéfique. Bien sûr, ces exigences ont des conséquences profondes sur *l'architecture des cerveaux animaux et le type de psychisme* qui en émerge. Elles vont générer des capacités cognitives permettant, d'une part, d'interpréter de plus en plus finement le sens de stimuli représentant ou annonçant récompenses et punitions et, d'autre part, d'adapter les comportements en conséquence. Afin de remplir cette seconde partie du travail, les systèmes nerveux évolués vont construire *des représentations mentales mettant en scène les organismes dont ils doivent assurer la survie* et constituer des algorithmes capables d'apprécier les conséquences de choix comportementaux « décidés » par ces acteurs.

De la récompense

Une importante catégorie structurant notre psychisme est donc celle de la récompense. Mais qu'est-ce qui constitue une récompense ? Une récompense est une *valeur attribuée par le système nerveux d'un organisme à une variable qu'il traite pour gérer l'interaction de cet organisme avec son milieu.* Chez les animaux inférieurs, ce système de valeurs concerne essentiellement les *stimuli* liés à la survie ou à la reproduction, qui prédisent l'apparition de nourriture ou de partenaire sexuel. Rapidement, ce système s'étend à des prédictions concernant les *comportements*. Dans ce cas, une récompense est le résultat classé comme satisfaisant par le système d'évaluation émotionnelle d'une réponse comportementale à un stimulus donné, lequel en conséquence va désormais activer les mécanismes de *renforcement* destinés à promouvoir ce comportement jugé bénéfique par le cerveau. Subjectivement, ces comportements vont générer des émotions positives et des sensations hédoniques. Initialement cantonnés à la recherche de nourriture et de partenaire sexuel chez l'animal, les stimuli associés à des réponses apportant du plaisir ne cessent de voir leur périmètre s'accroître à mesure que les capacités de discrimination cognitive croissent, que la conscience se développe et que notre monde mental s'enrichit. Ainsi, possession de biens matériels, pouvoir, activités créatrices diverses deviennent des récompenses recherchées. Lorsque notre cerveau d'*Homo sapiens* attribue un *sens à une situation, un comportement ou un objet*, l'une des opérations qu'il effectue systématiquement, et qui est déterminante, est donc de le placer sur une *échelle de valeurs allant de la récompense à la punition*, en passant par les stimuli neutres. Cette opération, que nous en prenions conscience ou non, est à la base de notre psychisme. À partir de là vont apparaître les émotions et s'élaborer les motivations et les comportements.

Chez l'homme, la quête insatiable de récompenses et du plaisir qui en résulte va s'étendre à de multiples sphères de la vie mentale consciente telles que la recherche d'amour, de pouvoir, de reconnaissance sociale, de maîtrise de machines diverses, d'émotions esthétiques, etc., sans oublier bien sûr ce fleuron de la culture humaine dont l'idée a un jour germé dans le cerveau de quelque hominidé astucieux, l'argent, qui permet comme chacun sait de jouir de (presque) tout ce qui précède.

L'argent, indice d'intelligence ?

L'argent, le mètre étalon de la valeur, l'équivalent général grâce auquel toute récompense se transforme instantanément en marchandise qui s'achète, se vend et s'échange. L'argent, grâce auquel il est possible à ceux qui en possèdent beaucoup d'acquérir à peu près tout, y compris la force de travail de ceux qui n'en ont pas et qui, pour subsister, gagnent dans cette opération la liberté fondamentale, garantie dans toute démocratie, de se vendre au plus offrant. L'argent, dont la possession, gage de pouvoir, structure tous nos rapports sociaux. Il est clair que seules des capacités cognitives particulièrement évoluées ont permis aux membres de notre espèce de conditionner leur accès à la récompense à l'utilisation de cet exceptionnel instrument, tout comme elles permettent aujourd'hui à une majorité d'entre nous de comprendre et d'accepter que leur sort soit d'être gouverné par les « lois d'airain du marché » qui, nul ne l'ignore, fixent le juste prix de toute marchandise. Périodiquement, nos meilleurs esprits établissent des critères douteux différenciant prétendument l'homme de l'animal. Il existe pourtant un critère simple et indiscutable du génie humain : l'invention de l'argent. Rendons justice à ce pur produit de notre intelligence. La preuve ? Donnez un billet de banque à un chimpanzé. Il n'en fera rien, si ce n'est peut-être des cocottes en papier. On ne battit pas une civilisation avec cela.

Débarrassée de sa connotation sexuelle exclusive, cette définition de la motivation n'est finalement pas si lointaine de celle de la pulsion freudienne, première mouture. Mais, contrairement à la nébuleuse libido, nous connaissons à présent les agents « énergétiques » pour reprendre la terminologie freudienne, qui, agissant au sein de circuits neuronaux définis, sous-tendent ce contrôle motivationnel de façon remarquablement précise et quantifiable. Au centre du dispositif se trouve un neuromodulateur découvert en 1957 par Arvid Carlsson et ses collaborateurs. Ce modulateur est la dopamine. Synthétisé par de petits groupes de neurones localisés à la base du cerveau, notamment dans l'aire tegmentaire ventrale (figure 1), il gagne, *via* les terminaisons synaptiques de ces neurones des zones étendues du cortex d'une part, les noyaux du striatum situés dans les régions sous-corticales d'autre part (figure 2).

À ce niveau, il module l'activité des boucles cortico-sous-corticales, du fonctionnement desquelles dépend l'activation de réseaux neuronaux corticaux supportant les aspects essentiels de notre vie mentale, depuis l'évaluation des situations, le monitoring

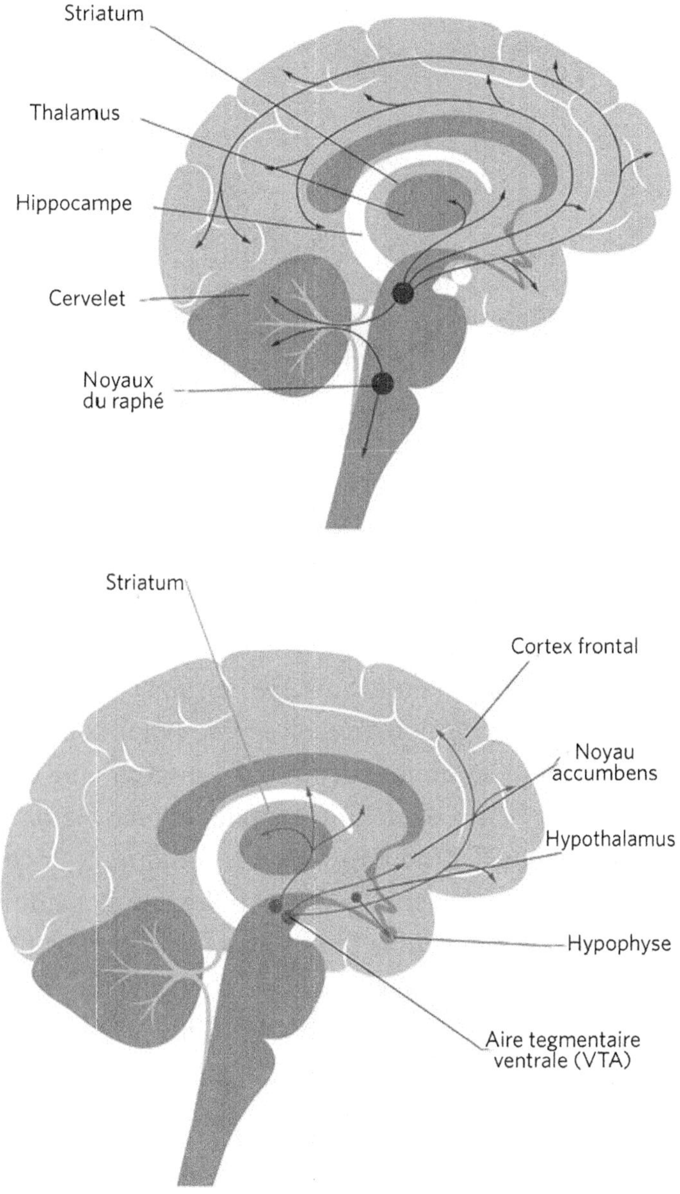

Figure 1. Structures neuromodulatrices de la base du cerveau.

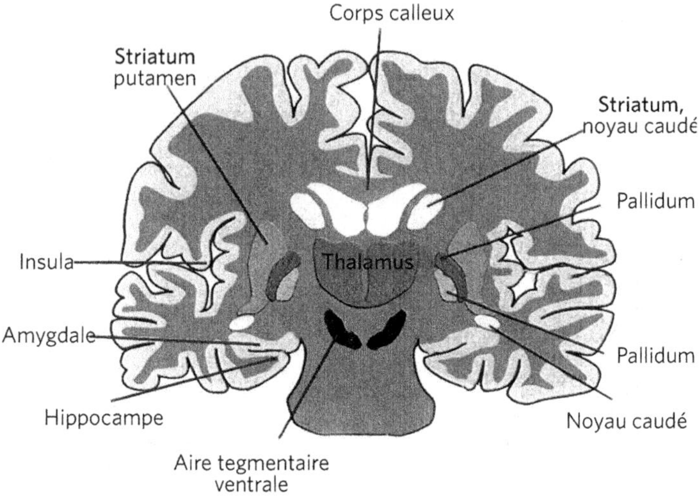

Figure 2. Le cerveau coupe frontale.

de nos états émotionnels, la mise en place de stratégies comportementales, la prise de décisions afférentes et, *in fine*, la mise en œuvre d'actions volontaires. Soixante ans après la découverte de la dopamine, et un nombre colossal de publications scientifiques plus tard, nous commençons enfin à savoir dans le détail comment travaillent ces neurones pour lesquels deux modes d'activation existent. D'abord, en mode tonique, les neurones dopaminergiques émettent de 2 à 8 pulses de dopamine par seconde, lesquels facilitent la transmission synaptique au niveau striatal et sont absolument nécessaires pour maintenir les boucles cortico-sous-corticales fonctionnelles. Cette activité tonique vient-elle à disparaître, comme c'est le cas dans la maladie de Parkinson, où les neurones dopaminergiques sont détruits, alors le sujet se fige dans un état d'inertie motrice, avec une difficulté à initier le moindre mouvement, qui se complique progressivement d'un ralentissement de plus en plus marqué des processus

Les boucles cortico-sous-corticales

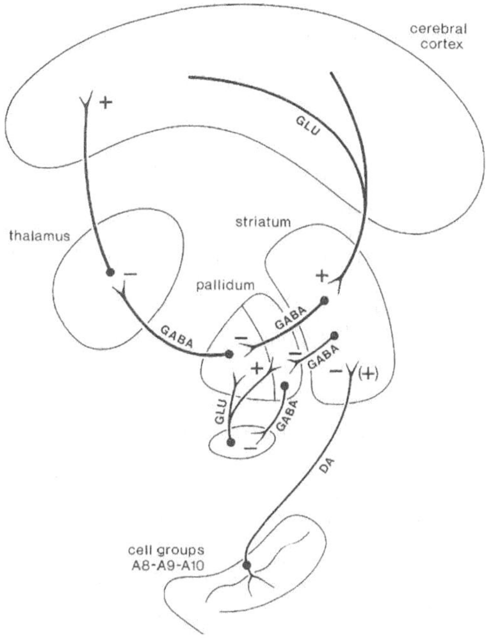

Les neurones corticaux ne fonctionnent pas en autarcie. Pour que, le temps d'une action ou d'une pensée, une activité cohérente se développe au sein de populations discrètes, il y a besoin de filtres et d'amplificateurs. Les boucles cortico-sous-corticales remplissent cette fonction. Elles sont constituées par un circuit de quatre neurones, certains excitateurs (+) à glutamate (GLU), d'autres inhibiteurs (-) à GABA, se projetant du cortex sur le striatum, puis sur le pallidum et regagnant le cortex en passant par le thalamus. On voit sur ce schéma simplifié comment ces circuits réverbérants sont modulés par les neurones à dopamine (DA) de l'aire tegmentaire ventrale (A10) au niveau du striatum. (Pour plus de détails sur le rôle de ces boucles, voir Campion D., *Programmation génétique, comportements et cognitions en psychiatrie*, Douin, 2006.)

intellectuels. Le grand neurologue Oliver Sacks, qui a été le premier à « réveiller » des patients atteints de syndromes parkinsoniens gravissimes* en leur prescrivant de la L-dopa, un précurseur de la dopamine, a décrit de façon saisissante l'état quasi végétatif de ces malades durant leur longue période de sevrage en dopamine[6].

Mais, à côté de cette action tonique de base, il existe un autre mode – « phasique » – de relargage de la dopamine. Dans ce cas, les neurones dopaminergiques augmentent brutalement leur rythme de décharge sur des périodes de 100 à 500 millisecondes, conduisant à un brusque afflux de dopamine au niveau des synapses concernées, lequel continue à se manifester pendant plusieurs secondes. Ce mode de fonctionnement phasique est provoqué dès que l'animal est confronté à un *stimulus inattendu* et nourrit une réaction d'alerte. Mais il prend tout son intérêt lorsque ledit stimulus est suivi d'une *récompense inattendue*.

En 1997, Wolfram Schultz et ses collaborateurs, à l'Université de Fribourg[7], ont ouvert un très intéressant champ de recherche en montrant que le signal phasique diffusé dans un tel contexte par les neurones dopaminergiques à une bonne part du cerveau correspond très précisément à *l'erreur de prédiction sur la magnitude de cette récompense* (chez l'animal, on mesure celle-ci par de la nourriture). Il reflète la différence entre la valeur prévue dans une situation donnée, calculée par certains circuits, et la valeur réelle rapportée par d'autres. Il est possible de modéliser ces calculs

* Séquelle de la « grippe espagnole », pandémie qui à la fin de la Première Guerre mondiale a tué au moins 50 millions d'individus de par le monde.

de prédiction d'erreur par une série d'équations et de montrer que, au cours de plusieurs paradigmes expérimentaux, l'activité des neurones dopaminergiques se conforme exactement à ces modélisations. Cette découverte étonnante a été accueillie avec un immense intérêt par l'ensemble des chercheurs qui, depuis des années, pensaient que les animaux percevaient, apprenaient et modifiaient leur comportement en confrontant sans cesse des *prédictions provenant d'expériences précédentes*, stockées dans leur système nerveux, avec les données obtenues lors de chaque nouvelle situation[8]. L'une des évaluations réalisées par notre cerveau à partir desquelles nous donnons sens au monde qui nous entoure porte donc sur la *valeur de la récompense escomptée* dans une situation donnée. Basiquement, les neurones dopaminergiques réagissent lorsqu'une récompense survient *inopinément*. Ils sont activés proportionnellement à la valeur de cette récompense (par exemple, la quantité de jus de fruit délivrée chez l'animal). Mais il y a plus. Dans la vraie vie, un animal en quête d'une récompense ne se contente pas d'attendre qu'elle apparaisse, il *apprend à associer* la survenue de celle-ci à la *présence d'indices* sensoriels annonciateurs (un bruit, une forme, une odeur), ce qui lui permet d'adapter son comportement en conséquence. Son expérience préalable lui a permis de disposer d'évaluations concernant la valeur prédictive de ces indices par rapport à la magnitude de la récompense escomptée. Lorsque prédiction et valeur obtenue s'accordent, les neurones dopaminergiques n'ont aucune activité particulière et le cerveau continue de gérer la situation en mode routine. Si, par contre, ces neurones diffusent un message correspondant à la détection d'un excès de récompense, toute une série de structures cérébrales sont activées et priées toutes affaires cessantes d'évaluer la nouvelle situation et de porter l'attention nécessaire à ce stimulus saillant en termes de comportement d'approche et de consommation, et ce d'autant plus que l'excès constaté par rapport à la prévision est important[9]. La conclusion à tirer de ces expériences est la suivante : l'activité de ces neurones *favorise l'apprentissage sans cesse renouvelé de nouvelles associations entre un contexte donné et la présence de récompenses.*

Pour comprendre ce que ce puissant signal de la motivation induit au niveau comportemental, il suffit d'observer ce qui se passe chez les gens qui trichent avec le système, c'est-à-dire qui, au moyen de l'ingestion de drogues, diffusent dans leur cerveau des messages de ce type en dehors de tout contexte physiologique et sans perspective de récompense réelle. La plus grande part des substances psychoactives actuellement sur le marché – cocaïne, opiacés, cannabis, amphétamines, en passant par la nicotine et l'alcool – finissent, selon des voies plus ou moins tortueuses et avec un effet plus ou moins marqué, par exciter les neurones dopaminergiques[10]. Un afflux artificiel de dopamine lors de ces épisodes de prise de drogue va être interprété par le cerveau comme signifiant un accroissement de la récompense reçue par rapport à la prévision, avec comme effet immédiat de renforcer le comportement en cours, c'est-à-dire la prise de la drogue. Cercle vicieux. Des rats, auxquels on a appris à autostimuler leurs neurones dopaminergiques en appuyant sur un levier qui distribue à volonté la drogue ou provoque une stimulation électrique de ces neurones, pratiquent cette activité de manière compulsionnelle des heures durant et peuvent mourir d'épuisement, en oubliant même de se nourrir. Le fait que chez l'homme la prise de drogue coïncide souvent avec un état d'euphorie n'implique toutefois pas que la dopamine soit le « médiateur du plaisir », comme certains auteurs l'ont un peu trop vite proclamé. Plus prosaïquement, c'est le médiateur du renforcement comportemental. À ce titre, elle exerce des effets tyranniques que tout fumeur a expérimentés (« C'est plus fort que moi... »). La dopamine a à voir avec le principe du plaisir, certainement, avec le plaisir consciemment ressenti, c'est une autre affaire.

Punition

Qu'en est-il de la punition ? La confrontation à des événements menaçant leur intégrité induit chez les animaux des réponses comportementales variées, plus complexes à analyser que le simple comportement d'approche lié à la récompense. Selon les cas on pourra observer fuite, agressivité ou, lorsque la situation paraît sans issue, inhibition de l'action et prostration, avec en correspondance directe au niveau de la palette émotionnelle, peur, colère ou désespoir. L'activité des neurones dopaminergiques est peu influencée par les stimuli aversifs. C'est vers un autre neuromodulateur, la sérotonine, qu'il faut se tourner pour aborder la face négative du contrôle de la motivation. La principale classe de psychotropes prescrite dans le monde afin d'aider les populations à supporter les frustrations et le stress de la vie quotidienne a pour caractéristique d'augmenter la disponibilité en sérotonine au niveau des synapses. Les antidépresseurs, puisqu'il s'agit d'eux, diminuent l'anxiété, réduisent l'agressivité et sont également modérément actifs sur les symptômes suivants qui sont ceux de l'« état dépressif » : diminution de la capacité à ressentir du plaisir, apathie, fatigue permanente, perte d'appétit, difficulté à se concentrer, ruminations à base de sentiments de découragement, d'échec, de solitude, d'infériorité, idées suicidaires. À vrai dire, on ne comprend pas bien dans le détail comment la sérotonine régule tous ces comportements et états émotionnels et comment nos médicaments parviennent – très imparfaitement – à corriger les états dépressifs[11], mais une chose est certaine la dérégulation du système sérotoninergique influe grandement sur l'énergie pulsionnelle, pour parler comme Freud.

De prime abord, l'architecture du système sérotoninergique est très semblable à celle du système dopaminergique : un petit ensemble de neurones localisé à la base du cerveau envoie des projections en direction de presque toutes les structures corticales et sous-corticales, et module leur activité (figure 1).

Mais ensuite tout se complique : dix-sept récepteurs différents, des effets contradictoires à court et à long terme relevés à tous les niveaux, de la synapse au comportement, lorsqu'on essaie de manipuler ces neurones. La sérotonine est un casse-tête auquel se sont heurtées des générations de chercheurs, à conseiller à tout jeune scientifique adepte de puzzles insolubles. Le fait que la sérotonine puisse, comme la dopamine, être libérée en mode tonique ou phasique a nourri des spéculations sur un possible rôle dans la prédiction d'événements aversifs. Mais il a fallu déchanter. Une telle symétrie parfaite entre le rôle de la dopamine et de la sérotonine, satisfaisante pour l'esprit, est fausse. En fait, la sérotonine signale à la fois des événements aversifs et des événements appétitifs selon une logique qui pour le moment nous échappe[12]. Le fait que les deux systèmes à base de dopamine et de sérotonine communiquent en permanence et s'influencent mutuellement rajoute encore une touche de complexité à ces mécanismes neurochimiques de contrôle motivationnel.

Ces difficultés rencontrées avec la sérotonine illustrent bien le problème qu'affrontent en permanence les neurosciences lorsqu'il s'agit d'assigner une fonction à une structure cérébrale. Pour ce faire, nous en sommes réduits à interpréter nos observations en fonction de catégories psychologiques familières issues de notre expérience. Pourtant, la façon dont notre cerveau génère et traite de l'information, produit des aléas d'une longue évolution dont les contraintes ne nous sont pas directement accessibles, ne se conforme pas toujours avec ces modèles simples. Ce n'est alors qu'en accumulant des données et en expérimentant qu'il devient peu à peu possible par tâtonnement de fournir une réponse au premier niveau d'interrogation formulé par David Marr : « Quelle est la question traitée ? »

Cortex frontal, prédiction et choix de l'action

Les patients atteints de lésions du cortex frontal, particulièrement des régions orbito-frontales, juste au-dessus des cavités oculaires, sont un autre groupe dont l'étude s'est révélée riche d'enseignements pour la compréhension de ces questions de motivation (figure 3).

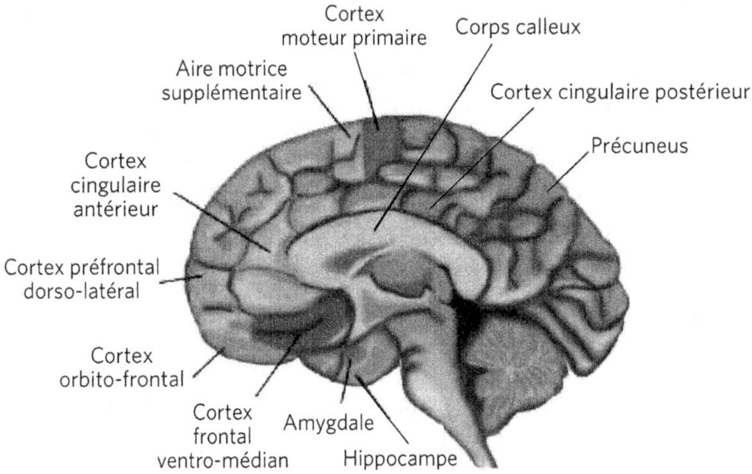

Figure 3. Structures médianes du cerveau, coupe sagittale.

Bien que des cas similaires aient été connus depuis longtemps, il a fallu attendre la fin des années 1990 pour que le neurologue Antonio Damasio entreprenne d'évaluer en détail les conséquences à long terme de ces lésions [13]. Voici ce qu'il a observé à des degrés divers chez ses patients ayant subi des traumatismes ou des accidents vasculaires cérébraux : alors que ces personnes étaient avant leur accident des individus insérés socialement et menant une vie familiale normale, leur personnalité apparaît profondément modifiée suite à celui-ci : sexualité désordonnée et à risques, dépenses inconsidérées, perte d'emploi dont ils ne supportent plus les contraintes, isolement social du fait de comportements « amoraux » (mensonges, irresponsabilité, labilité des affects). Enfin, en dépit d'une désinhibition et d'une familiarité excessive, perte marquée d'empathie pour les autres, y compris pour leur entourage proche comme leurs enfants. Ces personnes perdent la capacité de se projeter dans l'avenir, elles vivent au jour le jour, leurs activités journalières dans les cas les plus sévères se limitant à regarder la télévision en fumant et en se gavant de nourriture. Afin de mieux comprendre ces patients, Damasio, entre autres expériences, les a fait jouer à un jeu. Un jeu d'argent. Au départ, le sujet dispose d'une somme qu'il peut faire fructifier ou perdre, le but étant de perdre le moins possible et de gagner le plus possible. Pour cela, les patients sont mis en face de quatre paquets de cartes. Le jeu consiste à retourner une à une les cartes, provenant de n'importe quel paquet au choix, jusqu'à ce que le médecin demande d'arrêter. Sur chaque carte est marquée une somme, en positif ou négatif. Le joueur ne sait pas combien de cartes il aura le droit de retourner. Mais il s'aperçoit vite qu'en piochant dans certains paquets il fait de gros gains, malheureusement vite contrebalancés par des pertes plus grosses encore. Dans d'autres paquets, les gains sont certes modestes mais les pertes restent très basses. En présence d'un tel jeu, une personne normale comprend que si elle veut garder et faire fructifier son pécule, elle a intérêt à miser sur les paquets « faibles gains, faibles risques » plutôt que sur les paquets « gros gains, très gros risques ». Pas ces patients. En dépit de pertes catastrophiques, ils vont imperturbablement persévérer dans la stratégie du « tout, tout de suite... ». Ce sont pourtant des personnes dont les facultés intellectuelles sont préservées. Si l'on reprend avec elles le problème à tête reposée, elles conviennent aisément qu'elles ont fait une bêtise. Confrontées de nouveau au jeu, cela ne les empêche pas de recommencer. Que se passe-t-il ? Un psychanalyste, mis en présence d'un tel patient et ignorant tout de la lésion en question, ne manquerait pas de relever une économie pulsionnelle très perturbée avec globalement une régression à un stade préœdipien. La grille de lecture du neurologue est différente. Les régions cérébrales détruites chez ces patients sont impliquées dans les *calculs de prédiction de récompense et dans l'élaboration de stratégies adaptées pour optimiser l'accès à celles-ci*. Ces régions détruites, le mode du « tout, tout de suite » (correspondant au niveau de maturation pulsionnel du nouveau-né, si l'on veut) s'impose alors par défaut.

Les deux grilles de lecture ne sont pas forcément incompatibles, même si elles diffèrent sensiblement dans le détail des mécanismes motivationnels sous-jacents, comme nous l'avons vu précédemment. Mais si le psychanalyste veut persister dans sa voie, il sera néanmoins forcé d'admettre un point : les processus de maturation pulsionnelle construits dans l'enfance qu'il invoque, et qui, avant l'accident, fonctionnaient correctement chez ces patients, dépendent *donc bien de l'intégrité de structures cérébrales précises*. Voilà en quelque sorte les conséquences de la résolution du complexe d'Œdipe tracées dans le cerveau. Freud en aurait-il été satisfait ?

Le traitement inconscient de la motivation

Un dernier point maintenant. Ces processus d'attribution de valeur aux stimuli qui guident nos investissements influencent nos choix et façonnent notre personnalité peuvent certes être accomplis consciemment, en y réfléchissant. Mais cette voie est bien trop longue, consommatrice de ressources attentionnelles et, au final, trop imprécise. Dans la vie courante, c'est sans faire intervenir ces processus conscients que notre cerveau gère en permanence ces situations, tout au long de nos journées. *Confer* cette expérience démonstrative réalisée par Mathias Pessiglione et ses collègues à Londres[14] : on demande à des sujets de serrer le plus fort possible une manette à la présentation d'un signal (l'image d'une forme géométrique sur un écran d'ordinateur). On leur explique que s'ils arrivent à exercer une force suffisante, ils gagneront de l'argent. À l'insu du sujet et sans qu'il en ait la moindre conscience, avant chaque essai, une somme en livres ou en pennies (nous sommes en Angleterre) s'affiche brièvement (quelques millisecondes) sur l'écran. Il s'agit d'une perception visuelle subliminale traitée par le cerveau sans accès à la conscience, un paradigme dont les chercheurs raffolent. De façon très nette, et toujours sans qu'il en ait conscience, les mesures réalisées sur la manette montrent que le sujet module son effort en fonction de la valeur de la récompense affichée. Petit gain, moindre force dépensée… Le cerveau connaît quelque chose au langage de l'économie, et il n'a pas besoin de réfléchir consciemment au problème pour arriver à cette conclusion.

Que conclure de cette première confrontation, pulsions *versus* motivations ?

Les deux conceptions s'accordent sur l'idée générale d'une maturation du psychisme due à la nécessité pour l'enfant de passer d'un stade où prévaut la satisfaction immédiate de ses désirs à une position où la prise en compte de la réalité extérieure, et des inévitables frustrations qu'elle implique, prime. Freud y ajoute, et ce point a tout son intérêt, que la source d'une bonne part de la psychopathologie adulte est à chercher dans les aléas de cette dynamique. Concernant l'ancrage biologique de cette maturation, là où Freud en était réduit à postuler une vague énergie sexuelle animant des pulsions, les neurosciences décrivent maintenant des processus motivationnels basés sur la quête de récompenses, clairement inscrits dans le fonctionnement cérébral et dont les mécanismes sont de mieux en mieux connus, y compris sur le plan neurochimique. Le contrôle de ces mécanismes échappe largement à la conscience, il existe bien au cœur de chacun de nous un *inconscient motivationnel*, mais cet inconscient est *structurel*, il est lié à la façon dont le cerveau gère ces processus et non au refoulement invoqué par Freud. À ce stade, nous avons donc identifié quelques points de convergence entre la vision freudienne et celle issue des neurosciences, mais nous pressentons en arrière-plan une série de désaccords importants.

CHAPITRE 3

Refoulement ou aléas de la mémoire sémantique ?

Cela nous amène à examiner à présent plus en détail un second concept clé de l'édifice freudien, le refoulement. « La théorie du refoulement est la pierre d'angle sur quoi repose tout l'édifice de la psychanalyse [1] », affirme Freud. Le refoulement porte sur des représentations (idées, images, souvenirs) qui sont activement repoussées ou maintenues dans l'inconscient à cause de leur dangerosité pour le moi, sans qu'il s'agisse d'une décision volontaire du sujet, hors du contrôle de celui-ci en quelque sorte. Il est à l'œuvre à toutes les étapes de la maturation pulsionnelle et de la construction du moi, étant étroitement corrélatif de celle-ci. Cette fois-ci l'inconscient dont nous parle Freud concerne donc une *mémoire non mobilisable consciemment*, mais encore potentiellement active et *capable d'influer sur la vie psychique du sujet à son insu*. Voyons cela plus précisément.

Le concept de *représentation* qui est employé pour définir le matériel sur lequel porte le refoulement ne nous est pas étranger.

À vrai dire, il est même central pour les neurosciences. Il permet d'articuler la sphère de la psychologie avec celle de la biologie. Une représentation se définit par son objet (attribut psychologique) et simultanément par son substratum biologique (réseau neuronal activé). Si, encore une fois, nous renonçons au pur esprit désincarné et prenons l'utilisation du mot « représentation » au sérieux, s'il est clair que nous sommes bien en présence de représentations neuronales, alors nous devons être capables d'en repérer la trace au sein de réseaux neuronaux.

À ce stade, une question préliminaire se pose, qui tient à la nature même des traces mémorisées. Schématiquement, depuis toujours deux conceptions de la trace mnésique se sont affrontées dans le champ des neurosciences. Pour certains, la mémoire consistait en un répertoire discret de souvenirs fixes imprimés et emmagasinés en permanence dans le système nerveux. À l'opposé, d'autres arguaient que la mémoire n'est pas un fichier d'ordinateur, mais un processus dynamique, une réorganisation permanente de données existantes en fonction du contexte changeant. Se remémorer, faire resurgir des traces mnésiques fixes ou recréer une mémoire à partir d'indices, tels sont les termes de l'alternative. L'historique de ce débat qui depuis un siècle a traversé la neurologie a été retracé par Israël Rosenfield[2] dans un ouvrage passionnant. Chacun des deux camps disposait en fait d'arguments convaincants. Comme souvent dans un tel cas, la vérité se trouve probablement à mi-chemin, mais on retiendra tout de même que la conception constructiviste a reçu de plus en plus de soutiens au fil du temps. Il faut noter que, à l'opposé, Freud, comme les neurologues de son époque, était tributaire d'une conception très statique de la trace mnésique, alors que tout dans son approche l'orientait logiquement vers une vision plus dynamique.

Mémoire épisodique…

Cela posé, la question qui surgit maintenant au sujet du refoulement est la suivante : où dans le cerveau chercher les représentations repoussées hors du champ de la conscience, mais encore potentiellement actives, postulées par Freud ? Que nous apprennent les neurosciences de pertinent à ce propos ? Il est maintenant admis que la mémoire déclarative, c'est-à-dire celle à laquelle on peut accéder consciemment grâce au langage, s'ordonne autour de deux pôles, qui diffèrent selon leurs modalités de formation, leur contenu et les structures cérébrales qui les sous-tendent. On distingue d'une part la *mémoire épisodique*, qui a trait à des événements précis spécifiés en termes de contexte spatio-temporel (soit, en majorité, des événements autobiographiques survenus au sujet lui-même, soit des événements culturellement marquants dont le sujet n'a qu'une connaissance indirecte) et, d'autre part, la *mémoire sémantique*, qui consiste en un répertoire générique d'items faisant sens pour le sujet. Il s'agit là d'une somme de connaissances, propres à chacun de nous, qui acquièrent une portée générale, alors même que les circonstances précises dans lesquelles ces concepts ont été générés se sont estompées.

Au sein des réseaux neuronaux qui interviennent dans la mémoire épisodique, une structure joue un rôle particulièrement important, c'est l'hippocampe, une petite formation nerveuse ayant la forme de l'animal éponyme, phylogénétiquement très ancienne, qui est située sur la face interne du lobe temporal (figure 2, p. 30).

L'hippocampe a pour fonction de coder les informations concernant le contexte spatio-temporel dans lequel un souvenir épisodique s'établit. Les conséquences d'une destruction bilatérale des hippocampes et des régions cérébrales adjacentes ont pour la première fois été rapportées en 1957 par Scoville et Milner[3] chez le patient HM, un homme ayant subi une résection bilatérale du lobe temporal médian suite à une épilepsie rebelle. Cet homme, âgé de 27 ans lorsque ces régions cérébrales ont été retirées, a présenté une amnésie antérograde (il ne pouvait plus former aucun nouveau souvenir épisodique, les souvenirs « en ligne » présents dans la mémoire de travail s'évanouissant au bout de quelques minutes), ainsi qu'une amnésie rétrograde graduelle (il n'avait plus accès aux souvenirs formés au cours des dix dernières années avant l'opération). Dans certains cas l'amnésie rétrograde est plus sévère encore. Antonio Damasio[4] a rapporté le cas d'un homme de 55 ans qui, à la suite d'une lésion bilatérale de l'hippocampe (mais aussi d'autres structures cérébrales) due à une infection par le virus de l'herpès, vivait dans un éternel présent à l'intérieur d'une fenêtre temporelle de quelques minutes, sans mémoire du passé ni possibilité de projection dans le futur.

L'hippocampe joue un rôle crucial lors des phases d'*encodage* et de *rappel* des traces mnésiques épisodiques, mais ce n'est pas le lieu de stockage permanent de ces représentations. Il est parfaitement acquis qu'après une phase transitoire de quelques heures à quelques jours, la trace mnésique est transférée au sein de réseaux de neurones corticaux très étendus et sans cesse reconfigurés. Le rôle de l'hippocampe est plutôt d'élaborer et de tenir à jour un index de ces traces. On peut suivre en détail ces processus de transfert d'information en cartographiant dans les différentes structures cérébrales impliquées les gènes qui, lors de l'établissement d'une mémoire épisodique, voient leur expression modifiée au cours d'une fenêtre temporelle donnée [5].

... et mémoire sémantique

Un second type de mémoire déclarative est la mémoire sémantique. En 1975, Elisabeth Warrington a décrit les premiers cas de ce que l'on nomme à présent les démences sémantiques [6]. À la suite de maladies neurodégénératives rares, les patients perdent progressivement et sélectivement les connaissances relatives au monde dans lequel ils vivent. Le langage est concerné au premier chef, mais l'atteinte d'autres modalités non verbales atteste d'*une perte globale, amodale, de la fonction sémantique* : non seulement ces patients ne comprennent plus le sens des mots, mais les images mentales correspondant aux entités que ces mots symbolisent perdent elles-mêmes toute signification. Tel malade, par exemple, ne sait plus ce que signifie le mot « chien ». Si on lui demande de classer un lot d'images en fonction de leur parenté, donc sans mobiliser le langage, il ne comprend plus que l'image du chien va avec celle de la niche. C'est le concept même de chien qui a disparu de son esprit. C'est une maladie effrayante, où peu à peu toutes les connaissances acquises au cours d'une vie et permettant à une personne de comprendre et d'interagir avec son milieu se dissolvent, le malade se retrouvant graduellement plongé dans un univers vide de sens. De façon notable, la mémoire épisodique est relativement préservée, au moins pour les faits récents, ce qui est en accord avec l'idée selon laquelle la mémoire d'événements anciens repose sur un contenu sémantique accru. L'atteinte du langage est centrée sur la perte de sens progressive des concepts véhiculés par les mots, mais la fluence verbale est longtemps préservée, de même que la phonologie ou la syntaxe. Avec le temps, toutefois le répertoire verbal se réduit à quelques phrases stéréotypées au fur et à mesure que la compréhension du sens des mots régresse.

Le langage est le moyen privilégié grâce auquel nous segmentons et manipulons consciemment des unités de sens. À tel point qu'il nous est souvent difficile de concevoir que le cerveau puisse attribuer du sens au monde environnant indépendamment des mots que nous prononçons. Pourtant les symboles linguistiques ne sont précisément que... des symboles et ne correspondent en fait qu'à une partie des représentations signifiantes construites par notre cerveau, une bonne part étant constituée d'images mentales. L'expérience suivante nous aide à mieux apprécier cette question. Quian Quiroga et ses collègues[7] de l'Université de Los Angeles sont parvenus à recueillir au moyen d'électrodes implantées dans les lobes temporaux médians de patients épileptiques l'activité individuelle de quelques centaines de neurones. Après avoir présenté à ces patients une longue série d'images différentes, ils ont observé que certains neurones répondaient de façon reproductible et discriminante à certaines images par une bouffée de décharges. Tel neurone chez tel sujet répond par exemple à l'image du visage de l'actrice Halle Berry de face, de profil, avec ou sans lunette, avec des coiffures différentes, portant le masque de *Catwoman* (rôle qu'elle joue dans un film), etc. Mais, plus intéressant encore, le même neurone répond également au *nom* manuscrit « Halle Berry » projeté sur l'écran. Toutes ces représentations visuelles complètement différentes sur le plan strictement perceptif évoquent donc une *même* réponse neuronale, qui est de l'ordre du sens. Ne tombons pas dans une interprétation extrême et fausse de cette observation. Il ne s'agit pas de prétendre que nous avons trouvé « le » neurone support de la représentation « Halle Berry » dans le cerveau de ce patient. Nous avons simplement mis en évidence un neurone qui a extrait de plusieurs contextes sensoriels différents quelques bits d'information invariante servant à bâtir cette représentation, de concert avec quelques millions d'autres neurones. Mais, et cela suffit à notre propos, ces quelques bits d'information se rapportant *au sens de la représentation* « Halle Berry » sont *identiques* lors de l'analyse des images visuelles construites par le cortex occipito-temporal et lors de l'analyse des symboles linguistiques générés par le cortex fronto-temporal gauche (figure 4, p. suivante). Ainsi les symboles linguistiques se greffent-ils sur un système de représentations préexistantes et, évidemment, facilitent d'autant leur utilisation consciente.

Poser une équivalence simple entre sémantique et langage est donc une erreur. La fonction sémantique est plus large que la fonction langagière. Les études menées sur des centaines de patients cérébro-lésés ont clairement montré que les systèmes neuronaux supportant la reconnaissance de concepts et ceux permettant de les nommer étaient en partie dissociables, au moins pour les concepts se référant à des entités concrètes[8].

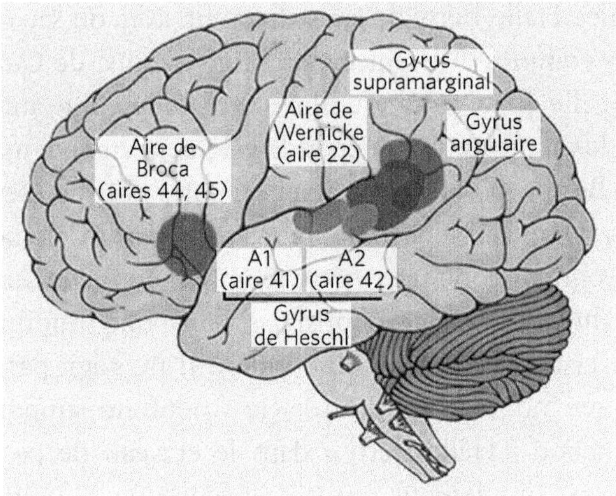

Figure 4. Zones corticales du langage de l'hémisphère gauche.

Comment l'information circule-t-elle entre ces différents réseaux est une question en débat depuis des années, mais une chose est claire : *le nom n'est qu'un des modes de connaissance d'un objet* ; en fournissant « les mots pour le dire », le langage permet de rendre *explicites* une série de connaissances implicites. Ce qui a bien sûr un intérêt majeur pour ce qui est de la communication entre différents cerveaux. Ce rôle comme support de la communication n'épuise toutefois pas la question de la fonction du langage : les symboles linguistiques, en nous permettant de nommer et de segmenter les connaissances que nous nous forgeons de notre environnement, ainsi que de les manipuler hors des circonstances où elles ont été générées, confèrent une *nouvelle dimension au processus d'attribution du sens* et nous permettent d'organiser notre vie mentale à partir de *catégories analytiques de plus en plus abstraites* par rapport à l'expérience.

Les régions cérébrales impliquées dans la cognition sémantique, et détruites chez les patients atteints de démence sémantique, sont différentes de celles impliquées dans la genèse et la compréhension des symboles linguistiques dont l'atteinte provoque des aphasies. Elles sont situées *bilatéralement au niveau des lobes temporaux*. Ces dernières années, l'identification de ces réseaux neuronaux a été l'objet d'un important effort de recherche au moyen des méthodes modernes d'imagerie fonctionnelle. Bien que nos connaissances actuelles soient encore parcellaires, quelques données fort instructives sont apparues. Il est maintenant généralement admis que la cognition sémantique est basée sur l'interaction de deux réseaux[9]. D'un côté, un système de production et de stockage de l'information qui génère et garde en mémoire les connaissances (représentations conceptuelles) proprement dites. Ces informations sont gérées par un *carrefour transmodal situé dans les lobes temporaux antérieurs*, celui-là même qui est détruit au cours des démences sémantiques. Cette zone de convergence tire ses informations sources des différents cortex modaux, notamment sensoriels qui créent eux des représentations spécifiques d'une modalité (visuelle, auditive, tactile, etc.) et elle dialogue avec les zones langagières de l'hémisphère gauche. Elle intègre différentes classes d'informations, sensorielles, relatives à l'action, émotionnelles, résultant de l'attribution de valeur à des stimuli, pour parvenir à des concepts unifiés qui, dans notre espèce, sont manipulés et rendus explicites grâce aux symboles linguistiques.

Le traitement de l'information sémantique est qualitativement différent dans les deux hémisphères cérébraux.

L'hémisphère droit est responsable d'une analyse *holistique*, où le sens de chaque concept et les relations de proximité que ces concepts entretiennent entre eux restent spécifiés de manière assez lâche. À l'opposé, le traitement de l'information par l'hémisphère gauche est dit *analytique*. Il est beaucoup plus précis quant à la capacité de discrimination entre des concepts voisins. Normalement les deux types d'analyse fonctionnent parallèlement et les données sont partagées au sein d'un espace sémantique commun pleinement accessible au langage. C'est ainsi que l'hémisphère gauche (celui qui parle), prisonnier d'inférences contextuelles strictes pour générer des attentes *a priori* sur le sens à venir, ne peut comprendre l'humour verbal sans l'aide de l'hémisphère droit. Lorsque la mise en commun ne fonctionne pas correctement, comme c'est le cas dans l'autisme, on observe un accès biaisé de l'hémisphère gauche à des données ayant subi un traitement de type *analytique*, ce qui produit des distorsions cognitives bien connues (sens des mots interprété au premier degré, absence de pensée métaphorique, difficulté à manier l'humour, fascination pour la pensée mécanistique).

À côté de ce système d'analyse et de stockage des représentations sémantiques, un second système très étendu, ancré dans diverses régions cérébrales (cortex frontal dorso-latéral, cortex frontal ventro-médian, cortex temporal médian, gyrus angulaire situé dans le cortex pariétal), *contrôle l'accès conscient* à ces représentations en fonction du contexte dans lequel leur utilisation s'avère nécessaire. Des lésions affectant ces régions ne se traduisent pas par une perte en soi des connaissances sémantiques, mais par une difficulté à manipuler ces connaissances dans tel ou tel contexte.

Bien que clairement individualisables, il ne faut cependant pas conclure que mémoire épisodique et mémoire sémantique constituent deux systèmes étanches, sans échange possible d'informations entre eux. Il est bien connu que, dans la démence sémantique, les pertes de sens s'organisent en fonction de catégories et que *ces catégories ont un rapport avec la façon dont les connaissances afférentes ont été acquises*. Des facteurs tels que l'expérience directe de l'item *versus* une connaissance purement encyclopédique, ou encore la connotation affective entourant cette parcelle de sens jouent un rôle dans les déficits sémantiques observés. Certains malades peuvent encore reconnaître la signification d'un objet qui leur appartient, mais non d'un objet similaire appartenant à une autre personne. Souvent, lorsque la signification générique d'un item se perd, les malades peuvent encore l'évoquer à partir d'éléments de leur mémoire épisodique. Tel malade, qui ne sait plus ce qu'est une fleur, pourra, mis en présence de l'image d'une fleur, vous dire : « Je reconnais, vous m'avez déjà montré cette photo hier. » Les connaissances génériques du monde ambiant qu'un individu acquiert et mémorise s'organisent donc autour d'une série de strates, en rapport avec son expérience personnelle. Il faudrait vraiment être d'une naïveté sans bornes pour penser que la mémoire sémantique serait une sorte de dictionnaire figé, de fichier d'ordinateur formaté à l'identique dans tous les cerveaux humains, où le sens de chaque item serait spécifié *a priori* de façon parfaitement définie, intangible et univoque. Kant avait certes parfaitement raison lorsqu'il écrivait : « Nous ne connaissons (*a priori*) des choses que ce que nous y mettons nous-mêmes », mais le problème réside en ce que nous n'y avons pas tous mis la même chose, et qu'en règle générale nous ignorons de surcroît ce que nous y avons exactement mis.

Manipuler les traces mnésiques

Qu'en est-il des bases biologiques de ces différents types de mémoire ? Étant clairement admis que les traces mnésiques sont inscrites au sein de réseaux neuronaux largement distribués et dynamiques, les processus biologiques sous-tendant la mémoire (c'est-à-dire la capacité pour un organisme d'acquérir, de stocker et de récupérer consciemment des informations) sont eux remarquablement uniformes. La formation d'une trace mnésique, ou *engramme*, réside en le renforcement des connexions synaptiques entre les membres de ce réseau. Ceci se produit lors d'épisodes transitoires de synchronisation de l'activité électrique entre ces neurones, conformément à cette loi fondamentale de l'apprentissage, formulée en 1949 par le psychologue canadien Donald Hebb : « *Neurons that fire together wire together**. »

L'engramme une fois formé doit être consolidé. Nous savons maintenant qu'au cours des périodes de rêve, mais aussi lors du sommeil normal, dans différentes régions cérébrales des patterns d'activité neuronale relevés au cours d'expériences éveillées sont « rejoués ». Ainsi, chez un rat explorant un labyrinthe, des neurones hippocampiques s'activent selon une séquence temporelle donnée à certaines

* « Les neurones qui sont actifs ensemble se connectent ensemble. »

localisations précises, permettent de construire une carte à partir de laquelle s'organise la navigation de l'animal. Lorsque le rat dort, ces mêmes neurones se réactivent selon le même pattern comme si l'animal retraçait son chemin[10]. Chez l'homme, on considère que l'utilité de cette « consolidation » n'est pas tant de rejouer des épisodes à l'identique, mais de les distordre ou de les condenser en favorisant ainsi de nouvelles associations et notamment l'interaction entre du matériel issu de la mémoire épisodique et la mémoire sémantique[11]. Tout cela n'aurait sans doute pas déplu à Freud.

Ces dernières années, des progrès technologiques considérables ont été réalisés, qui nous permettent à présent de visualiser et de manipuler les ensembles de neurones actifs au cours des processus d'encodage ou de rappel mnésique. En 2013, dans le laboratoire du prix Nobel Susumu Tonegawa, au Massachusetts Institute of Technology, des chercheurs sont parvenus pour la première fois à insérer artificiellement une fausse mémoire épisodique à un animal[12]. C'est une expérience assez complexe, mais qui mérite qu'on s'y arrête. Lorsque vous délivrez un choc électrique à une souris, celle-ci réagit par une réaction de peur. Une petite structure nerveuse, l'amygdale, située dans la profondeur du lobe temporal (figure 2, p. 30), est le maître d'œuvre de cette réaction émotionnelle. Il existe de multiples marqueurs somatiques (accélération du rythme cardiaque, modification de la conduction cutanée, expression faciale particulière, etc.) permettant d'identifier la peur à partir de critères objectifs. Chez la souris, on utilise comme marqueur le comportement de *freezing* qui est très spécifique : l'animal apeuré se fige et reste immobile. Lorsque vous transférez la souris dans une cage où les chocs vont lui être administrés, rapidement elle apprend à associer ce contexte avec le choc à venir et se fige dès son entrée dans la cage. La constitution de cette mémoire de type épisodique dépend de l'hippocampe. Au sein de l'hippocampe, on est parvenu à identifier un groupe de neurones (engramme) spécifiquement activés lors de la formation de ce souvenir. Le renforcement des connexions synaptiques au sein de ce groupe de neurones qui se produit alors nécessite en effet l'expression de certains gènes qui sont connus. En « bricolant » l'un de ces gènes de façon à pouvoir l'activer artificiellement par un pulse de lumière, délivré directement dans la boîte crânienne grâce à une fibre optique, les chercheurs disposaient d'un moyen de réactiver l'engramme à volonté. L'animal garde donc une mémoire de la chambre A qui déclenche chez lui une réaction de peur. Quelques jours passent. On le transfère maintenant dans un autre contexte, une chambre *B* où on ne lui administre aucun choc. Rien ne se passe, pas de peur particulière. À un moment donné, on réactive par stimulation lumineuse l'engramme lié à la chambre A. Aussitôt la souris se fige. Bien que le contexte ne soit pas le bon, bien qu'aucun nouveau choc ne soit délivré, la mémoire artificiellement réveillée du contexte A fait son office, l'animal exprime la peur, obéissant en quelque sorte à un faux « souvenir ».

L'état émotionnel dans lequel un engramme est constitué influe énormément sur celui-ci. Pour rester dans le cadre d'une situation générant la peur, comme celle que nous venons d'évoquer, l'activation de l'amygdale va directement impacter l'encodage hippocampique. Parmi les multiples structures nerveuses que l'amygdale met en branle pour produire la réaction somatique de peur figure en effet l'axe hypophyse-hypothalamus-glandes surrénales, responsable de la libération de glucocorticoïdes, qui sont des hormones de stress. L'une des cibles de ces hormones est l'hippocampe. En présence de ces hormones diverses conséquences sont possibles : tout d'abord, une hypermnésie c'est-à-dire une intensification de l'encodage aboutissant à la formation de traces mnésiques fortes qui seront intensément remémorées. Si toutefois la situation anxiogène perdure, l'afflux de corticoïdes va provoquer au niveau de l'hippocampe la conséquence inverse, en le déconnectant et en provoquant la constitution d'une mémoire fragmentaire de l'épisode, voire une amnésie complète. Ces états sont classiquement décrits chez des personnes ayant subi des situations traumatiques extrêmes (viols, agressions, guerre...). Parfois, du fait de la libération de substances opioïdes au niveau cérébral, l'épisode traumatique va être mémorisé comme « vu de l'extérieur » dans un état d'irréalité, où le sujet est spectateur de son propre état. Toutes ces mémoires altérées vont ensuite affecter durablement le psychisme des personnes concernées et sont constitutives de ce que l'on nomme l'état de stress post-traumatique. Toutefois, elles ne correspondent pas au concept de refoulement freudien, censure active et inconsciente de traces mnésiques constituées, ce sont fondamentalement des perturbations de l'encodage.

Au niveau de la mémoire épisodique, qui peut le plus, peut le moins. S'il est possible de réactiver un engramme en induisant artificiellement l'expression de gènes qui ont servi à renforcer les connexions synaptiques dans la population neuronale supportant cet engramme, l'inverse doit être en théorie possible. On peut donc envisager l'extinction d'un engramme en abolissant l'expression de ces mêmes gènes dans la population neuronale concernée. Il est maintenant établi que lors de la formation et de l'entretien d'une trace mnésique ce sont des centaines de gènes qui voient leur profil d'expression durablement modifié dans des populations neuronales situées au niveau de l'hippocampe d'abord, puis progressivement au fil des jours, dans d'autres régions cérébrales. Ces modifications d'expressions sont liées à des phénomènes épigénétiques, c'est-à-dire à l'apposition de marques chimiques stables sur l'ADN dans les régions régulant l'expression de ces gènes[13]. Il n'est pas interdit de penser que ce type de modifications de l'ADN, requises pour établir des engrammes, puissent dans certaines circonstances aboutir à l'effet inverse, c'est-à-dire conduire à l'effacement de traces mnésiques constituées. Tout cela reste spéculatif, mais de toute façon un tel mécanisme, s'il s'avérait à l'œuvre, n'aboutirait pas une fois encore à ce que Freud appelle refoulement : l'existence de représentations infantiles *maintenues en mémoire hors du champ de la conscience et continuant à être actives à l'insu du sujet.* Il y aurait simplement perte de la trace mnésique. À ce titre il pourrait tout au plus – nous restons dans le domaine spéculatif – être impliqué dans le phénomène d'amnésie infantile, c'est-à-dire l'absence (avant 2 ans), puis la relative pauvreté (avant 6 ans) de souvenirs épisodiques relatifs aux premières années de la vie.

Dans le même ordre d'idées, les mécanismes cérébraux permettant d'atténuer voire de supprimer consciemment des souvenirs ont fait l'objet d'investigations. Anderson et ses collaborateurs ont ainsi appris à des volontaires à retenir des associations arbitraires entre des paires de mots[14]. Puis, pendant de courtes périodes de quelques secondes au cours desquelles ils étaient placés dans une IRMf (imagerie par résonance magnétique fonctionnelle, voir p. 81), les chercheurs leur ont demandé soit de se rappeler le second mot à la présentation du premier, soit au contraire d'éviter de le faire. Dans ce dernier cas, il a été noté une forte activation du cortex préfrontal dorso-latéral, région impliquée dans le contrôle cognitif conscient de la trace mnésique, couplé à une activation réduite de l'hippocampe. Plus tard, les associations de mots ayant subi le protocole d'effacement volontaire furent plus difficilement remémorées que les autres. Cela indique qu'il existe bien des processus cérébraux actifs pouvant s'opposer à la mémorisation de certains items. Toutefois, contrairement à ce que ces auteurs déclarent, les mécanismes de contrôle des représentations mémorisées ainsi mis en évidence n'ont de nouveau rien à voir avec le refoulement freudien, car il s'agit d'un contrôle *volontaire et conscient*. Les auteurs suggèrent que ces mécanismes pourraient être à l'œuvre lors de la mise à l'écart de mémoires relatives à des expériences traumatisantes. Peut-être, mais là encore, ce n'est pas ce que Freud avait en vue lorsqu'il introduisit le concept de refoulement. Au niveau de la mémoire épisodique, il n'est donc pas possible, en fonction de nos connaissances actuelles, d'assigner un corrélat neuronal au mécanisme hypothétique de refoulement.

Mémoire sémantique et refoulement

Le refoulement, nous dit Freud, porte indistinctement sur des souvenirs, des images mentales et des idées, donc sur des éléments de mémoire épisodique et de mémoire sémantique.

Il est à noter qu'au fil du temps, avec l'abandon de la théorie de la séduction, la source du matériel refoulé n'est plus tant à chercher dans les traces mnésiques d'événements réels, dont le sujet aurait fait directement l'expérience, que dans des productions fantasmatiques élaborées à partir d'épisodes plus ou moins imaginaires. De tels éléments sont des hybrides de mémoire épisodique et de mémoire sémantique, et il n'est pas inintéressant de noter à ce propos que ce sont les mêmes régions cérébrales (hippocampe, cortex frontal ventro-médian, cortex pariétal) qui sont sollicitées lors du rappel de souvenirs réels et lors de l'élaboration imaginaire. Cela a été montré de façon très élégante par Daniel Schacter à Harvard en fournissant à des sujets placés dans une IRMf des listes de mots à partir desquelles il leur demandait soit de se remémorer un événement passé, soit d'imaginer une histoire [15]. Voilà une parenté de mécanismes fonctionnels qui aurait dû convenir à Freud, mais toujours pas de mécanisme de refoulement en vue.

Mais qu'en est-il de la mémoire sémantique proprement dite ? Allons-nous à ce niveau enfin aboutir dans notre quête de refoulement ? Il paraît légitime de s'intéresser en premier lieu au système qui contrôle l'accès conscient à ces connaissances sémantiques. Des atteintes de ce système de contrôle d'accès, liées le plus souvent à des lésions au niveau du cortex frontal, se traduisent non par une perte pure et simple de représentations, comme dans la démence sémantique, mais par des difficultés à retrouver et manipuler ces connaissances. Elles se manifestent dans les domaines verbaux et non verbaux et se caractérisent par des *approximations concernant le sens exact des items* qui sont sélectionnés et émergent à la conscience lors d'une tâche cognitive donnée. En se limitant au domaine verbal, cela donne lieu à des erreurs telles que dénommer « lait » l'image d'une vache ou alors dans une tâche consistant à énumérer plusieurs membres appartenant à une même catégorie sémantique, par exemple des animaux, à obtenir des réponses telles que « chat, chien, cheval, cravache, selle ». Les mots dont le sens n'est pas univoque ou reste flou sont particulièrement touchés.

Résumons. Nous avons vu précédemment qu'il existe selon l'hémisphère concerné deux modes plus ou moins discriminatifs de traitement de l'information sémantique. Nous y ajoutons l'existence de systèmes exécutifs de contrôle d'accès, accessibles à la conscience, qui également peuvent moduler l'organisation de cette information et favoriser des associations plus ou moins lâches. Tout cela est fort intéressant, mais nos espoirs initiaux sont déçus, nous ne voyons toujours pas dans ces mécanismes de contrôle d'accès, tels qu'ils sont peu à peu mis en évidence, où pourraient se nicher les bases d'un processus de refoulement actif – et inconscient – de certaines représentations. Avons-nous tiré notre dernière cartouche ?

Non, car il nous faut à présent nous pencher plus en détail sur le *contenu même de cette mémoire sémantique*. La mémoire sémantique consiste en un agglomérat de représentations plus ou moins prégnantes, sans cesse remaniées, assemblées au cours de la vie, lesquelles sont, on l'a vu, le support d'images mentales ou de mots dont nous nous servons pour nous raconter des histoires ou en raconter aux autres. Examinons plus en détail comment le sens circule au niveau des mots que nous utilisons alors. Derrière chaque concept que nous nous sommes peu à peu forgé et que nous exprimons consciemment grâce au langage, le sens se cristallise en plusieurs strates plus ou moins accessibles à notre conscience. En sus du sens usuel, *explicite*, que nous manipulons dans nos cogitations quotidiennes, existe une strate où un sens peut seulement être décrypté lorsque nous braquons dessus de façon volontaire le projecteur de l'attention, que nous y réfléchissons activement, alors qu'une troisième strate reste opaque, *implicite*, notamment pour toute cette partie du sens infiltré d'une forte valence émotionnelle. De cette strate émergent seulement des bribes de sens lorsque l'on demande au sujet de relâcher ses associations, ou dans le cadre de sa vie fantasmatique.

Corrélats neuronaux des niveaux de conscience

Il est possible de caractériser les corrélats neuronaux des différents niveaux de conscience selon lesquels se fait l'accès au sens. La réactivation d'une représentation sémantique implique la synchronisation temporaire de l'activité de millions de neurones. Stanislas Dehaene utilise une très belle image pour représenter un tel phénomène : celle d'un essaim de lucioles qui harmonisent leurs flashs lumineux en fonction du rythme de l'ensemble du groupe. Chaque neurone de cette assemblée temporaire ne transmet que quelques bits d'information, la géométrie et le périmètre de l'ensemble varient sans cesse. Au centre, un ensemble fortement connecté va parvenir à générer une activité suffisamment cohérente pour embraser l'espace de travail cortical. Il gagne à tous les coups la mise et parvient à la conscience. D'autres éléments de la représentation, plus faiblement connectés auront besoin pour synchroniser leur activité à un niveau suffisant, et donc gagner l'accès à la conscience, d'un « coup de pouce » attentionnel. Certains mécanismes de contrôle d'accès y pourvoient. D'autres enfin produiront une activité subliminaire et mourront d'inanition avant de pouvoir participer à l'embrasement général de l'espace de travail, qui pour une représentation est la marque de l'accès à la conscience.

On ne manquera pas de relever que cette classification de l'accès conscient aux représentations sémantiques, basée sur des niveaux d'activation neuronale clairement différents, est finalement très proche de celle instituée par Freud dans sa première topique de l'« appareil psychique », où il proposait de distinguer conscient, préconscient et inconscient. Toutefois, plutôt que de postuler l'existence d'un *agent actif* refoulant dans l'inconscient certaines représentations dangereuses pour le moi, censeur dont nous avons échoué à trouver une trace en termes de fonctionnement neuronal on peut, de façon beaucoup plus simple, escompter obtenir un même défaut d'accès – ou un accès partiel – de certaines représentations à la conscience en prenant simplement en compte les *différents niveaux d'activation* des réseaux neuronaux selon lesquels se constituent ces représentations. En d'autres termes, il est possible de rendre compte de ces aspects fondamentaux du psychisme humain en se passant de la métapsychologie freudienne et de ses « instances » métaphoriques.

Le traitement inconscient des représentations sémantiques

Il est temps de tirer quelques conclusions de tout cela. Si, comme il est à craindre, cette vision des choses est exacte, si l'ensemble du système de représentation sémantique est infiltré de significations non directement apparentes, vestiges notamment d'états émotionnels infantiles, si les mots que nous employons, nos mots, en disent plus qu'ils ne nous l'avouent, alors le ver est dans le fruit. Car si consciemment nous n'avons pas accès à tout le sens stocké dans notre mémoire sémantique, notre cerveau lui est beaucoup plus clairvoyant vis-à-vis de cette matière noire quand il s'agit de l'interpréter et d'en tirer des conséquences comportementales. Concentrons-nous sur un aspect de la question en rapport direct avec le langage. Les neuropsychologues se sont rapidement avisés que les mots, et particulièrement les mots abstraits, sont connotés de significations émotionnelles [16]. Partant de ce constat, la question du traitement par des processus inconscients des informations sémantiques contenues dans les mots a fait ces dernières années l'objet d'une intense controverse scientifique, longuement discutée dans les ouvrages de Dehaene et Naccache, qui en ont été des protagonistes essentiels [17]. Je ne retiendrai que l'expérience suivante, qui a mon sens, apporte des informations décisives. Revenons à l'amygdale, cet orchestrateur de la peur. La présentation subliminale, donc non consciente, d'une image de serpent, d'araignée ou de visage effrayé suffit à l'activer. Mais qu'en est-il de la même présentation subliminale (moins de 50 millisecondes) d'un mot ? Afin de répondre à cette question, Lionel Naccache[18] a soumis à cette expérience trois patients épileptiques chez lesquels les neurochirurgiens avaient placé des électrodes chargées de recueillir l'activité électrique de l'amygdale, dans le cadre d'un possible traitement chirurgical du foyer épileptique. Verdict : alors que la présentation de mots neutres tels que « colline », « arbre », etc., n'induisait aucune réponse particulière au niveau de l'amygdale, la présentation de mots tels que « viol », « terreur », « sang » activait celle-ci. L'amygdale *répondait bien à la valence émotionnelle des mots masqués dont le sens avait été décrypté sans que le sujet n'en ait pris conscience.*

Nous venons d'illustrer la prise en compte non consciente d'informations sémantiques par notre cerveau à partir de productions langagières. Ces conclusions sont directement généralisables au matériel non langagier (imagerie mentale). C'est donc l'ensemble des signifiants qui peuplent notre mémoire sémantique (j'emploie à dessein ce terme cher aux lacaniens, mais il est bien entendu une fois encore que les signifiants dont il est question ici ne planent pas en apesanteur dans les limbes de l'esprit pur, mais qu'ils sont inscrits dans l'activité de réseaux de neurones) qui sont touchés. Or ces signifiants constituent les briques à partir desquelles notre cerveau *dans la part consciente de son activité* va faire ce pour quoi il est formaté : *élaborer un système de croyances cohérentes*, basé sur l'interprétation la plus probable de cette masse d'informations. Et voilà que nous apprenons que cette activité consciente, dont nous sommes si fiers, repose sur un réseau de signifiants qui ne nous livrent qu'une partie des informations qu'ils ont stockées, que derrière toute représentation *explicite* pleinement accessible à la conscience se cache toute une série de sens *implicites*, y compris pour celui qui les utilise. Mais cette partie du sens n'est pas perdue pour tout le monde, notre cerveau l'a décryptée hors de notre conscience et en a déjà tiré des conséquences émotionnelles et comportementales. L'histoire que nous allons maintenant consciemment fabriquer à partir de ces données tronquées pour rendre compte de notre état émotionnel, de notre rapport présent au monde ambiant et de nos actes risque d'être passablement distordue.

Le rôle de l'interprète

Tout cela est bien fâcheux, mais ne saurait stopper la tendance irrépressible de notre cerveau dans la part consciente de son activité à élaborer, *à partir des seules informations* dont il dispose, un système de croyances visant à donner un sens à chaque situation vécue. Cette *activité interprétative*, médiée par l'hémisphère gauche et utilisant grandement les ressources du langage, a été illustrée de façon saisissante par les études menées au cours des années 1960 par Sperry et son élève Gazzaniga chez les patients *split brain*[19]. Il s'agissait de rares patients chez lesquels, pour traiter une épilepsie rebelle, les neurochirurgiens avaient sectionné le corps calleux, ce faisceau de fibres nerveuses qui permet l'échange d'informations entre les deux hémisphères, conduisant ainsi à la présence de deux cerveaux découplés chez un même individu. De cette situation découlent quelques conséquences[20]. D'une part, chacun de ces hémi-cerveaux traite isolément des informations visuelles correspondant à un hémi-champ visuel différent. D'autre part, alors que l'hémisphère gauche maîtrise pleinement le langage, le droit ne dispose lui que de compétences langagières limitées : il parvient à comprendre un lexique réduit, mais n'a aucune compétence syntaxique lui permettant de faire des phrases et donc d'exprimer des pensées structurées. À partir de là, Sperry et ses collaborateurs ont donné à lire au cerveau droit des messages simples, genre « Sortez », présentés dans son hémi-champ visuel. Le malade se lève et sort. On le rattrape et on lui demande pourquoi il fait cela. Le cerveau gauche, celui qui analyse et parle, n'a rien vu et n'a aucun moyen de savoir ce que le cerveau droit a perçu, déconnecté qu'il est de son homologue. Or, au lieu de répondre honnêtement qu'il n'en sait rien, qu'il doit se borner à constater, que « le moi n'est plus maître en sa maison », il invente une histoire plausible genre : « Je vais à la maison chercher un jus de fruit. » Dans une autre expérience on présente à l'hémisphère droit l'ordre écrit : « Riez. » Le malade s'exécute. Lorsqu'on lui demande pourquoi il est en train de rire, il répond aux examinateurs : « Oh les gars, vous êtes trop drôles[21]. » Ce type d'expérience a été reproduit des dizaines de fois, avec toujours un résultat identique. Voilà donc un nouveau problème : la tendance à la fabulation pure et simple de la part de l'hémisphère gauche, celui qui analyse et parle, en cas de données manquantes. Et, on l'a vu, des données manquantes concernant le sens, des données non accessibles à la conscience réflexive, il en existe sans cesse, même en l'absence de lésion inter-hémisphérique. Attardons-nous un instant sur le problème de l'accès du cerveau gauche aux informations traitées par le cerveau droit. La section du corps calleux représente un cas extrême, mais sans en venir à cette extrémité, il n'est pas certain que chez chacun d'entre nous le cerveau gauche ait le même degré d'accès aux informations traitées par le cerveau droit. Il a par exemple été avancé que les femmes possèdent une meilleure communication inter-hémisphérique, ce qui leur assure un meilleur accès verbal au monde mental visuel, iconique, généré par le cerveau droit.

Au total, le système de croyances que chaque cerveau construit sur la base d'inférences à partir de signifiants qui eux-mêmes, tels des icebergs, gardent une partie de signification cachée, et dont l'hémisphère gauche assure grâce au langage une formulation explicite, comporte décidément bien des failles. Ces croyances, pourtant, sont à la base de notre vie psychique consciente. Ce sont elles que nous manipulons chaque jour, persuadés de leur validité, puisque après tout c'est nous qui les avons bâties. La réalité est quelque peu différente : autant d'individus, autant de scénarios plus ou moins opaques se déroulant et entrant en collision sans que les acteurs qui en assurent la narration y puissent grand-chose. En présentant les choses de cette manière, sommes-nous si loin de ce que Freud, armé de ses seules métaphores, avait pointé ? Avons-nous besoin d'invoquer l'élusif processus de refoulement pour installer solidement des processus inconscients au cœur de notre psychisme ?

Inconscient et symbolisme

Cet inconscient sémantique tel que venons de le définir est directement relié à l'expérience propre du sujet, aux circonstances dans lesquelles ces représentations se sont constituées et sont sans cesse remaniées. C'est également dans ce cadre que Freud conçoit généralement l'inconscient. Toutefois, au fil de ses élaborations il s'est aussi engagé sur une seconde voie particulièrement critiquable. À partir de ses théories sur l'interprétation du rêve, il a été amené à développer l'idée selon laquelle certaines représentations véhiculent d'emblée un contenu radicalement différent de celui indiqué par leur sens explicite. Contenu manifeste *versus* sens latent. On entre là dans un autre univers, celui d'une symbolique universelle présente *a priori* et s'imposant au sujet à son insu, symbolique fondée sur des rapports constants, donnés d'emblée « faits une fois pour toutes et toujours prêts[22] » entre un répertoire de représentations et un champ du symbolisé lui-même très limité : corps, parents et consanguins, naissance, mort, nudité et surtout sexualité (organes sexuels, acte sexuel), nous précisent Laplanche et Pontalis[23] à propos de ces symboles. Le sens caché de ces symboles échapperait à la conscience. Dès lors, pour le thaumaturge, place aux vertiges de l'interprétation, dont l'arbitraire est complet, pourvu que l'on retombe *in fine* sur l'un de ces « symbolisés ». Les résultats de cet exercice sont souvent surprenants. C'est ainsi que le *Vocabulaire de la psychanalyse* de ces auteurs nous apprend par exemple la vraie signification de « Polichinelle, dont Jones [disciple de Freud] a montré qu'il représente le phallus sous les rapports les plus variés[24] » (*sic*).

Par quel miracle ces symboles ont-ils été forgés et se transmettent-ils quasi immuables de génération en génération ? L'héritage phylogénique vient à point pour fournir une explication. Des survivances du mode de pensée archaïque de nos ancêtres gravées de façon indélébile dans nos cerveaux seraient à la base de ce symbolisme caché. Les analystes si prompts à fustiger tout déterminisme génétique de nos comportements ne manqueront pas de relever la radicalité du propos. Mais, au-delà de cet aspect, l'étude même des modes de pensée au sein des sociétés « primitives » ne supporte pas ces hypothèses d'un symbolisme universel. Ainsi, chez les Jivaros amazoniens, tout imprégnés d'animisme et de pensée magique, chez qui l'ethnologue Philippe Descola a passé plusieurs années, l'interprétation des rêves est une activité quotidienne, à la recherche de présages qui vont conditionner leur activité journalière. Ils partiront difficilement à la chasse sans augures favorables, mais ils ne sont pas tributaires d'un système constitué de relations codifiées pour attribuer une valeur symbolique aux images qui peuplent leurs songes et nourrissent leurs augures. Au contraire, les systèmes d'interprétations et les équivalences symboliques produites restent très lâches et flottants. Dès lors, « rêver que l'on tire sur des oiseaux branchés est un signe favorable pour la pêche, de même que la capture de poissons annonce un succès dans la chasse du gibier à plumes ». En définitive, ce qui importe, c'est que le sujet *de par son activité interprétative*, trouve dans le matériel onirique quelques éléments plus ou moins liés sémantiquement à son projet, pour que celui-ci s'en trouve conforté par cette interprétation *de facto* valide. Et Philippe Descola de conclure : « Le travail d'interprétation permet donc de plier le contenu des rêves aux nécessités du moment[25]. » Que les images qui occupent nos songes n'ont pas « en soi » une signification cachée constante, qu'en définitive *seule l'activité interprétative plus ou moins débridée de l'interprète leur confère un sens*, voilà une vérité même vérifiée dans les modes de pensée archaïques, dont le fondateur de la psychanalyse aurait dû méditer la portée avant de se lancer dans des spéculations hasardeuses sur un symbolisme universel. Cela lui aurait évité de consacrer une bonne part de son existence à l'interprétation de productions mentales promues au rang de « symboles » universels en fonction de ses propres obsessions.

Cerveau gauche, cerveau droit, où se niche l'inconscient ?

Nous avons défendu l'idée selon laquelle les racines de l'inconscient freudien sont à chercher au cœur même des processus de production du sens. De façon connexe mais quelque peu différente, certains ont voulu y voir une conséquence de la coexistence dans le cerveau de deux systèmes de traitement de l'information aux propriétés différentes, l'un basé sur le langage, l'autre non. Ainsi, lorsqu'on s'est avisé qu'il existait une asymétrie fonctionnelle entre cerveau gauche et cerveau droit, des auteurs ont argué qu'il s'agissait là d'une base solide pour asseoir le freudisme. En 1974, le psychiatre David Galin a proposé une théorie simple, qui a obtenu un certain écho dans les pays anglo-saxons, selon laquelle on pouvait poser l'équation cerveau gauche = langage

= *conscience*/cerveau droit = processus *inconscients* de traitement de l'information[26]. À première vue, une telle dichotomie paraît correspondre à ce que l'on observe chez les patients *split brain*. Toutefois, il est rapidement apparu que la position selon laquelle l'ensemble des informations générées par l'hémisphère droit, donc hors langage, n'accédait pas à la conscience était inexacte. Les atteintes stupéfiantes de nos états de conscience provoquées par des lésions de l'hémisphère droit ont beaucoup intéressé les neurologues ces dernières années.

L'asomatognosie est une *perte de la connaissance de leur état corporel* aboutissant à une indifférence et à un déni de leur handicap chez des personnes paralysées du côté gauche à la suite d'une lésion du cortex moteur droit, lorsque la lésion atteint également l'insula *droite*. Elle ne s'observe que très exceptionnellement en cas de lésion du cortex *gauche*. En toute bonne foi, les malades n'ont plus conscience que la moitié gauche de leur corps leur appartient, ils en attribuent parfois la propriété à une autre personne et peuvent aller jusqu'à essayer de la pousser hors de leur lit*.

L'héminégligence spatiale est une autre atteinte neurologique, les patients qui en sont affectés se comportent comme s'ils *devenaient ignorants de la portion d'espace située à leur*

* Nous reviendrons en détail sur ce sujet lorsque nous étudierons les fonctions de l'insula. Pour le moment, notons simplement que la conscience, qui possède un hémicorps paralysé, se rétablit en partie si l'on demande au sujet de parler de lui à la troisième personne, ou si on le place devant un miroir (Besharati S. *et al.*« Mentalizing the body : Spatial and social cognition in anosognosia for hemiplegia », *Brain J. Neurol.*, 2016, 139, p. 971-985). Il est bien dommage que Lacan n'ait pu avoir connaissance de ces observations.

gauche, à la suite de lésions de la jonction temporo-pariétale et du cortex pariétal *droit*. Si l'on demande à une personne présentant cette atteinte de dessiner ce qu'elle a devant elle, dans certains cas on obtiendra un dessin où les objets situés à sa gauche manquent, dans d'autres cas tous les objets présents, à gauche comme à droite, sont représentés mais systématiquement leur moitié gauche est omise. Les malades n'ont absolument pas conscience de leur trouble. Celui-ci n'est pas d'ordre perceptif, leur vision est normale. Le trouble par contre est toujours présent lorsqu'en l'absence d'une perception directe on demande aux patients d'*imaginer* une scène. Dans une célèbre expérience, il fut demandé à un patient de décrire une place très connue d'une ville italienne en se plaçant par la pensée à différents endroits de la place. Chaque fois, il ne décrivait (très correctement) que la partie droite de l'image qu'il s'était forgée. Cependant après lui avoir fait changer de point de vue à plusieurs reprises, il fut possible de vérifier que toute l'information concernant l'ensemble de l'espace était intacte et qu'à chaque inversion de point de vue il décrivait des détails qu'il avait auparavant négligés du point de vue opposé. Cette information « ignorée » par la conscience dans l'héminégligence n'est cependant pas totalement perdue. Dans une autre expérience, on a présenté à un patient, l'une en dessous l'autre, deux images identiques d'une même maison. Sauf que sur l'image du bas la partie gauche de la maison était en feu. On demande au malade s'il voit une différence entre ces deux images. Réponse : aucune. On lui demande ensuite dans quelle maison il voudrait vivre. Il refuse d'abord de répondre, considérant la question comme idiote puisque les deux maisons sont identiques. On insiste.

Dans une proportion très significative des essais, il choisit l'image où la maison ne brûle pas[27]. Bien que n'étant plus accessible à la conscience du fait de la lésion, le traitement de l'information allant jusqu'à l'attribution du sens à la partie gauche de l'image a bien eu lieu.

Mais, au fait, qu'est-ce que la conscience ?

L'héminégligence est habituellement considérée comme un trouble « attentionnel » responsable d'un mauvais accès à la conscience de la représentation mentale de l'espace, ce qui, il faut bien le dire, ne nous éclaire pas franchement sur le détail des mécanismes en cause. Toutefois, si l'on se réfère à la définition habituelle de l'état de conscience comme connaissance de notre existence et de celle du milieu qui nous entoure, on voit que, bien loin de reposer uniquement sur des fonctions langagières, la *conscience englobe en fait tout un patchwork d'états mentaux* supportés par des fonctions mentales dissociables y compris dans leur substrat neural. Damasio[28] s'est livré à la dissection de ces différentes composantes. Schématiquement, on peut distinguer chez H*omo sapiens* au moins cinq composantes contribuant à générer un état de conscience qui pourtant, à chacun de nous, paraît intégré* :

* Il est étonnant que Freud, tout à ses considérations métapsychologiques, n'ait jamais pris le temps de donner une définition précise de la conscience pas plus que d'en distinguer les différentes composantes. À la rubrique « conscience » du *Vocabulaire de la psychanalyse* [Laplanche J., Pontalis J.-B., *Vocabulaire de la psychanalyse*, PUF, 1981, p. 95], on peut lire : « Freud

– Première pierre à l'édifice, la sensation d'être maître d'un corps (ce que les Anglo-Saxons nomment *body ownership*), corps agissant sous notre maîtrise, selon l'opinion courante obtenue grâce à un tour de passe-passe dont il sera question au chapitre suivant (*i.e. agency* dans les publications en langue anglaise).

– Une série de cartes sensorielles nourrissant une imagerie mentale sans cesse renouvelée du milieu environnant contribue à un second registre de la vie mentale consciente.

– Tout cela est la base d'une « prise de conscience » minimale, instantanée, de l'organisme et de son environnement. Pour dépasser l'ici et maintenant, la *mémoire épisodique* permet de construire une trame spatio-temporelle ordonnant les images mentales centrées sur ces expériences élémentaires.

– Un répertoire plus abstrait assurant le classement en fonction de différents critères, dont le système de valeurs que nous avons précédemment évoqué, des stimuli dont un individu a fait l'expérience constitue la *mémoire sémantique*. C'est un lieu commun que d'affirmer que la façon dont nous ordonnons consciemment les éléments de notre univers personnel dépend de ce système de valeurs que chacun a constitué en fonction de son histoire propre.

– Enfin, cerise sur le gâteau, un *système d'interprétation* de toutes les représentations générées aux étapes précédentes (ce que l'on appelle métacognition : penser sur des pensées)

---

tient la conscience pour une donnée de l'expérience individuelle, qui s'offre à l'intuition immédiate et il n'en renouvelle pas la description. Il s'agit d'« un fait sans équivalent qui ne se peut ni expliquer ni décrire [...]. Cependant lorsqu'on parle de conscience chacun sait immédiatement par expérience, de quoi il s'agit ». Certes...

permet d'ordonner nos pensées selon une histoire plus ou moins cohérente, de se les approprier en tant que sujet, d'en établir une narration et de les soumettre (ou non !) aux règles de la pensée rationnelle grâce à la mobilisation volontaire de ressources exécutives.

De même que nous avons combattu l'idée selon laquelle la sémantique se réduisait au langage, on voit donc bien que poser un trait d'égalité entre capacité langagière et conscience est une simplification abusive, sauf à considérer que, lorsque nous sommes sans voix devant un paysage magnifique ou lorsque nous ressentons telle ou telle sensation, nous sommes dans un état dénué de conscience. En fait, plutôt que de qualifier abusivement les représentations non verbales produites par l'hémisphère droit d'« inconscient », il convient de les considérer comme générant des états mentaux, certes qualitativement différents de ceux produits par le traitement réalisé dans l'hémisphère gauche, mais *participant bien à l'état de conscience global dans lequel nous baignons*. Au total, les quelques exemples de maladies neurologiques que nous avons brièvement évoquées nous indiquent à quel point réduire « la conscience » à ses aspects langagiers et réflexifs est une erreur, erreur que nous aurons à combattre tout au long de ce livre.

Si la conscience animale vous intéresse, vous pouvez utiliser ce canevas pour évaluer à quel niveau les différentes espèces sont parvenues pour chacun des registres décrits ci-dessus. Vous pouvez également vous demander à quoi peut correspondre un « état conscient » chez un jeune enfant dépourvu de langage et dont les capacités de mémoire épisodique et sémantique sont des plus rudimentaires. Il est toujours récréatif de spéculer sur ce sujet. On admet généralement que, durant les premiers mois de la vie, l'interaction du nourrisson avec son milieu passe essentiellement par la médiation de l'action. En agissant d'abord en réponse à des stimuli, puis de plus en plus à son initiative l'enfant va parvenir à une structuration du monde ambiant *via* la manipulation d'objets de sa propre initiative ou grâce à l'imitation de ses congénères. Des catégories fondant le réel vont alors se construire dans son monde mental, telle la permanence de l'objet hors de sa perception directe, laquelle n'est pas présente *a priori*. Cette intelligence pratique, sensori-motrice, lui permet aussi d'établir les relations causales entre les conséquences de ses actions et la modification des éléments de son milieu. Il semble également que très précocement l'enfant soit capable d'attribuer des intentions à ses semblables qui l'entourent. Toute cette activité est scandée par une succession de réactions émotionnelles marquant le succès ou l'échec de ses tentatives. Que pouvons-nous déduire sur l'état de conscience afférent à ce stade de développement ? Probablement une suite d'états mentaux centrés sur l'expérience de l'instant, se succédant sans continuité entre ces microséquences, avec chaque fois des perceptions, des intentions affichées et des émotions ressenties, mais sans notion nette de la présence d'un pilote dans l'avion (pas ou peu de mémoire épisodique, pas de conscience réflexive où la pensée s'abstrait de la gestion de la situation concrète pour bâtir une métareprésentation).

En définitive, que vient spécifiquement apporter le langage à notre conscience d'*Homo sapiens* adulte ? Si l'on se réfère toujours au canevas exposé plus haut, on voit que le langage n'intervient qu'à l'étape ultime, celle de la mise en forme explicite et de la narration. Ladite narration met en scène le supposé maître des lieux et lui donne la parole, c'est-à-dire instaure un état dans lequel l'activité mentale consiste à expliciter sans fin le but d'actions que le « sujet » est censé avoir initié volontairement ou qui résultent d'émotions qu'il a ressenties. L'être humain est ainsi fait qu'il ne se contente pas d'agir et de ressentir des émotions, comme tout animal qui se respecte, il lui faut sans cesse comprendre ce qu'il lui arrive et justifier ses comportements. En général, ce petit exercice ne fonctionne pas trop mal, chacun se construit une histoire à sa mesure jusqu'à ce que, en fonction des représentations dont il dispose, il bute sur de l'incompréhensible, de l'inconcevable, de l'informulable. Alors, plutôt qu'une histoire, le roman tourne à la ritournelle, le disque est rayé ; il y a du travail pour les psychothérapeutes de toutes obédiences.

CHAPITRE 4

De la psychose à la schizophrénie : Freud, Lacan et l'approche neuroscientifique

De toutes les jolies histoires élaborées par notre cerveau pour mettre un peu d'ordre dans notre monde mental à vrai dire plutôt chaotique, la plus sensationnelle est l'invention du moi, un signifiant clé, mettant en scène un acteur situé au centre de la toile et doté des attributs que l'on sait : capacité à ressentir des émotions, à construire des stratégies intelligentes, à émettre des opinions, à maîtriser le cours de ses pensées, à agir volontairement, à s'autoexaminer (je pense, donc je suis...) et, pourquoi pas, à être doté d'un libre arbitre. Chaque matin, sortant du sommeil, à peine l'interrupteur enclenché, la machine se remet en marche, un monde mental se reconstitue, le petit théâtre s'anime. Au centre, le moi, dont la permanence ne fait pas question, nous le retrouvons tel que nous l'avons laissé hier. Nous sommes d'ailleurs tellement persuadés de sa constance que la plupart d'entre nous escompte bien sa permanence par-delà la mort.

Tout cet amas d'évidences est à l'examen assez frelaté. Prenons l'exemple de la certitude bien ancrée d'être maître de nos actions décidées « volontairement ». Lors d'un mouvement volontaire, il est possible de recueillir une activité électrique témoignant de l'activation d'une assemblée de neurones une seconde environ avant l'exécution effective du mouvement. En 1983, le physiologiste Libet[1] a enregistré ce potentiel de préparation chez des volontaires obéissant à la seule consigne de pousser un bouton à leur guise et a demandé simultanément aux sujets de signaler quand l'intention de réaliser cet acte apparaissait. Résultat : l'intention se fait jour 350 millisecondes en moyenne *après* le début de l'activité cérébrale enregistrée. Benjamin Libet, armé d'un seul enregistreur d'EEG et d'un bon chronomètre venait dans une expérience célèbre de mettre à mal vingt siècles d'enseignement philosophique : l'intention consciente ne précède pas l'action, elle se borne à se l'approprier, et tout acte volontaire est initié inconsciemment. Là encore, pour les besoins de sa cause, l'interprète s'est cru autorisé à prendre quelques libertés avec le timing réel des opérations.

L'imagerie cérébrale fonctionnelle et le moi : visualiser les réseaux neuronaux

Nonobstant ces petits détails, le cerveau dépense beaucoup de temps et d'énergie afin de soigner son travail destiné à faire vivre un moi plausible. Son activité pour y parvenir peut désormais être traquée grâce à l'imagerie cérébrale fonctionnelle. L'imagerie par résonance magnétique fonctionnelle (IRMf) qui est le moyen d'investigation le plus utilisé, repose sur le principe suivant : plus un système neuronal est actif à un moment donné, plus il va consommer d'énergie, donc plus il va nécessiter d'apport d'oxygène par la vascularisation sanguine. L'IRMf recueille un signal lié à ce niveau d'oxygénation. Sa résolution spatiale est le voxel, un volume d'à peu près 3 millimètres cubes de tissu cérébral contenant dans le cas du cortex environ 600 000 neurones, ce qui est généralement considéré comme satisfaisant. Par contre, sa résolution temporelle est médiocre, elle ne prend guère que quelques images par seconde, ce qui constitue une limitation certaine, puisque l'unité de temps au rythme duquel se propagent les impulsions nerveuses est plutôt de l'ordre de la milliseconde. Fondamentalement, les études en IRMf consistent à circonscrire des régions cérébrales d'intérêt, à y mesurer une activité au repos, puis à quantifier l'activation lors de la réalisation d'une tâche cognitive. Cette façon de procéder a fourni une quantité très importante d'informations sur le fonctionnement cérébral. Elle comporte cependant des inconvénients : d'abord on peut lui reprocher son caractère pointilliste puisqu'on se concentre sur des régions définies *a priori*, et en second lieu elle suppose qu'au repos, lorsque nos pensées vagabondent, rien d'important ne se passe dans le cerveau. Pour répondre à ces critiques, les imageurs ont développé à partir des années 2000 un second paradigme basé sur la mesure *du degré de corrélation de l'activité entre différentes régions* dans diverses situations, une mesure que l'on nomme connectivité fonctionnelle. Plus cette corrélation est élevée, plus ces régions travaillent de concert dans les situations étudiées.

L'un des intérêts de cette approche est que l'on peut l'appliquer lorsque le cerveau est « au repos ». En 2001, Markus Raichle[2] a été le premier à effectuer ces mesures d'activité cérébrale hors de toute tâche cognitive. Il a identifié un réseau neuronal qu'il a appelé « réseau du mode par défaut » (*DMN default mode network*) actif dans ces situations (figure 5).

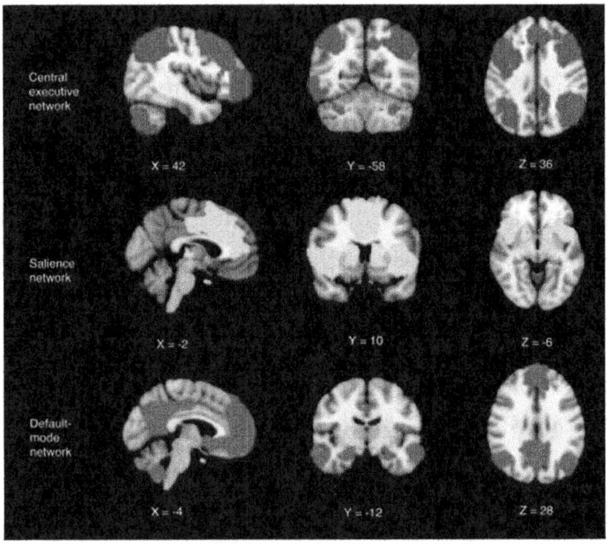

Figure 5. Principaux réseaux de connectivité fonctionnelle.

D'après Menon V. et al., *« Large-sale brain networks and psychopathology : A unifying triple network model »,* Trends in Cognitive Science, *2010, 15 (10), p. 483-506. (© 2023, Elsevier-Masson. Tous droits réservés.)*

Ce réseau s'ancre sur une série de structures cérébrales médianes, le cortex frontal ventro-médian, le cortex cingulaire postérieur, plusieurs régions du lobe pariétal (précuneus, gyrus angulaire) ainsi que des régions du lobe temporal incluant l'hippocampe. Lorsqu'on explore les processus mentaux dans lesquels ces structures sont impliquées, on tombe – pardonnez le jargon inimitable des scientifiques – sur des termes tels que « pensées indépendantes de stimuli, imagerie mentale, pensées indépendantes de l'exécution d'une tâche, réminiscences autobiographiques, langage interne, activités cognitives ayant un rapport avec le moi... ». Voilà donc une grande nouvelle. Au repos, non sollicité par quelque tâche urgente, notre cerveau pense à lui... pardon à nous. Il fait vivre notre moi et s'occupe également d'attribuer des états mentaux aux autres. À noter que le *DMN* est également actif, au moins pour partie, lors des périodes de rêve [3]. Chez l'humain, on l'a vu, il est possible de distinguer plusieurs niveaux d'états de conscience, corrélés à l'activité de structures cérébrales différentes et à l'émergence de différents attributs du moi. Ce qui donne tout son intérêt à ce réseau *DMN*, c'est qu'il est impliqué, non dans les composantes basiques du moi mais dans ses composantes les plus élaborées, à savoir la connaissance que nous prétendons avoir de nous-même ainsi que la narration que nous entretenons journellement à ce propos.

Si nous regardons le type d'informations traitées par le *DMN*, quelques remarques s'imposent : ce réseau est construit pour l'essentiel autour des structures gérant la mémoire épisodique d'une part, la mémoire sémantique d'autre part. Le cas du cortex frontal ventro-médian est particulièrement intéressant. C'est un nœud majeur du *DMN*, mais aussi une structure de contrôle d'accès à la mémoire sémantique qui, selon certaines études, serait particulièrement sollicitée lorsqu'il s'agit d'évoquer des associations sémantiques lâches, ambiguës, complexes. On n'observe généralement pas lors de l'activation du *DMN* de préférence hémisphérique marquée, mais le fait que les deux hémisphères soient également actifs ne signifie pas pour autant qu'ils traitent de façon parfaitement symétrique exactement le même type d'information. Enfin, il faut souligner que les zones langagières de l'hémisphère gauche ne font pas partie du *DMN* et que leur activité peut être dissociée de celle de ce réseau en imagerie fonctionnelle[4]. Cela soutient de nouveau l'idée selon laquelle le langage ne joue pas en soi un rôle décisif au cours de ces épisodes où notre cerveau manipule des associations sémantiques et des souvenirs épisodiques afin de constituer des histoires plus ou moins cohérentes servant à reconstruire notre passé et imaginer notre avenir. Ainsi, lorsque, comme chez le sujet *split brain*, on observe de la part de l'hémisphère gauche déconnecté une production verbale sous forme de fabulation en guise d'interprétation d'une situation dont il ne connaît pas la vraie détermination, il paraît plus prudent d'y voir, plus qu'un effet intrinsèque de sa capacité langagière, le résultat d'une collaboration entre un réseau *DMN* gauche, qui écrit un scénario sur la base d'informations tronquées, et les zones du langage avec lesquelles il est en rapport direct et qui se contentent de trouver les mots adéquats pour l'exprimer.

La déstructuration du moi : psychose ?

La croyance en un moi bien individualisé, dont nous sommes les maîtres, est partagée par chacun d'entre nous. Tous ? Non. Dans toutes les cultures, avec une grande constance, 1 % des individus environ s'obstinent à penser qu'ils sont soumis à des influences externes dont le sens n'est pas bien établi. Ils entendent des voix qui commentent leurs actes ou les insultent. Ils ne sont plus maîtres de leurs pensées qui se dévident hors de leur contrôle, ou de leurs actes qui leur sont imposés. Le monde dans lequel ils vivent leur semble irréel, leur corps lui-même leur apparaît comme étranger. Bref, leur moi part en lambeaux. Ces croyances déviantes – on dit ces délires – perturbent suffisamment le comportement de ces personnes pour qu'elles ne satisfassent plus aux exigences sociales éprouvées (travail, famille, patrie...)*. Exigences sociales qui, depuis des siècles, ont permis aux humains de transmettre leurs gènes avec le succès que l'on sait. On considère donc ces gens comme des malades mentaux et Freud, pour les caractériser, mobilise une vieille catégorie de la psychiatrie allemande, aux contours pour le moins flottants, celui de psychose. Ce faisant, il introduit sa propre conception de la psychose : si Freud appelle ces gens psychotiques c'est pour bien les différencier de la masse des névrosés habituels et signifier la présence de mécanismes psychologiques originaux aboutissant à une perte de contact radicale du moi avec la réalité.

Freud, à vrai dire, s'est peu occupé de la psychose. Il n'a analysé en détail qu'un seul cas, celui du président Schreber, auteur d'un manuscrit délirant intitulé *Mémoires d'un névropathe*, et son élaboration concernant cet hypothétique mécanisme psychique spécifique de la psychose est plutôt sibylline :

* Ne vous précipitez pas pour envoyer un tweet indigné, c'est une plaisanterie, destinée à tester votre vigilance. Quoique...

« Il existe une sorte de défense bien plus énergique et bien plus efficace [que le refoulement] qui consiste en ceci que le moi rejette la représentation insupportable en même temps que son affect et se conduit comme si la représentation n'était jamais parvenue au moi[5]. » On retiendra que, pour Freud, c'est fondamentalement ce déni, *cette non-attribution de sens* à des éléments de la réalité, qui conduit au détachement du réel caractérisant la psychose.

À partir de ces prémisses, c'est plutôt vers Jacques Lacan qu'il faut se tourner pour trouver une théorie analytique achevée de la psychose, contenant accessoirement l'affirmation selon laquelle celle-ci est accessible à un traitement par la psychanalyse. Le lacanisme est le fruit de la rencontre du freudisme avec le structuralisme, un courant de pensée fort prégnant dans la seconde moitié du XXe siècle pour lequel la découverte de structures cachées derrière les phénomènes observés constitue une fin en soi. Impasse intellectuelle majeure car, ce faisant, un fait essentiel est ignoré. Les structures ainsi mises au jour ne reflètent pas l'essence, immanente et ultime, du monde réel, mais proviennent de la *rencontre plus ou moins opératoire entre des catégories conceptuelles élaborées par nos cerveaux et les phénomènes soumis à notre attention consciente*. À ignorer cette interaction, on est vite amené à considérer que la seule réalité, c'est la structure en soi, présente de toute éternité, attendant juste d'être dévoilée par un pur esprit. Remarquez, ce type d'illusion n'est pas le propre des sciences humaines. Les physiciens aussi en ont été friands. Mais eux, au moins, ils expérimentent, et cela leur ramène les pieds sur terre. Plus d'un a été saisi de vertige après avoir découvert que, contre toute logique, les équations de la physique quantique censées décrire les propriétés ultimes de la matière leur permettaient de prédire soit la position, soit la vitesse d'une particule, mais non les deux simultanément, et que cette incertitude était fondamentale et non liée à des imprécisions sur les conditions de la mesure. En définitive, les phénomènes observés ne pouvaient être décrits qu'en termes probabilistes. Einstein était horrifié par cette idée que « Dieu jouait aux dés avec l'univers ». Plus prosaïquement, on peut considérer que c'est le cerveau humain qui, en projetant maladroitement (mais avons-nous le choix ?) sur le monde de l'infiniment petit des équations décrivant le comportement d'entités macroscopiques dont nous nous sommes forgé l'image (particules, ondes), aboutit à ce résultat inconfortable. Que ces belles formules permettent de capter certaines propriétés de la réalité physique, voilà un fait avéré, mais qu'elles en expriment l'essence, il est permis d'en douter.

Revenons au lacanisme, comme avatar extrême de cette illusion gommant le rôle des catégories utilisées par l'observateur au profit de cette fascination devant la structure en soi. Jouons franc jeu : le présupposé que les neurosciences projettent sur les phénomènes psychiques qu'elles étudient, c'est la volonté de relier ces phénomènes au fonctionnement cérébral et *in fine* aux contraintes issues de la sélection naturelle qui ont façonné ce cerveau. Le présupposé de Lacan, c'est la conception selon laquelle le monde réel serait structuré par un symbolisme immanent relevant du pur esprit. De la lecture de Ferdinand de Saussure, pionnier de la linguistique structurale, Lacan a retenu que le signe linguistique en lui-même ne porte aucun sens intrinsèque, mais que le sens naît des relations que ces signes entretiennent entre eux.

« Les symboles linguistiques sont sans relation avec ce qu'ils doivent désigner, donc *a* est impuissant à rien désigner sans le secours de *b*, celui-ci de même sans le secours de *a*, ou que tous deux ne valent que par leur réciproque différence », écrit Saussure dans son cours de linguistique générale. Lacan a transposé ces conceptions au domaine de l'inconscient qui, dit-il, « est structuré comme un langage ». Freud avait déjà donné un statut bancal au concept de représentation mentale, en renonçant à lui fournir un ancrage biologique ferme. Lacan fait un pas supplémentaire. Le signifiant maintenant découplé même du signifié flotte en apesanteur et seule l'étude de structures formelles au sein de cet ordre clos du signifiant est pertinente. Nous sommes là aux antipodes de la pensée scientifique, et le fossé entre lacanisme et neurosciences est infranchissable.

Cela posé, que nous dit Lacan des mécanismes psychiques à l'œuvre dans la psychose ? Pouvons-nous glaner quelques notions reformulables en des termes scientifiquement acceptables ? La théorie lacanienne des psychoses, une fois débarrassée de l'invraisemblable inflation verbale du maître, s'articule, me semble-t-il, autour de trois idées-forces finalement assez simples.

Premièrement, chacun des signifiants qui peuplent notre monde mental n'existe pas indépendamment des autres, il existe des chaînes de signifiants reliés entre eux selon ce que Lacan nomme un ordre symbolique.

Deuxièmement, ces chaînes s'ancrent sur des signifiants primordiaux qui tous ont un lien avec la problématique œdipienne, laquelle marque une rupture essentielle par rapport aux modes de pensée infantiles basés sur l'indistinction entre le moi et le monde extérieur. C'est ce qu'il exprime dans cette phrase célèbre : « Tous les tabourets n'ont pas quatre pieds. Il y en a qui se tiennent debout avec trois. Mais alors, il n'est plus question qu'il en manque un, sinon ça va très mal. Eh bien, sachez que les points d'appui signifiants qui soutiennent le petit monde des petits hommes solitaires de la foule morne, sont en nombre très réduits[6]. »

Troisièmement, dans la psychose, Lacan, dans la lignée de Freud, déclare que ces signifiants primordiaux ont subi un traitement particulièrement radical, différent du refoulement, qu'il appelle la forclusion, ce qui signifie déni, absence, non-attribution de sens. Le psychotique est donc quelqu'un dont le moi ne s'est pas construit comme instance séparée interagissant avec le réel, l'absence de ce fil directeur laissant le sujet sans médiation devant l'expression chaotique de ses pulsions. Son psychisme est constitué de suites d'images mentales qui s'imposent à la conscience sans qu'aucune structure d'ensemble (fût-elle en partie cachée comme chez le névrosé chez qui le refoulement opère) permettant de les interpréter et de les ordonner ne s'en dégage. Tout le système d'attribution du sens est perturbé en profondeur, le sujet disloqué, ayant perdu la maîtrise de ses pensées et de ses actes, tentant désespérément de par ses constructions délirantes de réinjecter du sens dans un univers dont il n'a pas les clés.

Dans la formation des psychoses, selon Lacan, le rôle de la mère est décisif. C'est de la confrontation avec l'autre (la mère) et son désir que dépend le sort de l'enfant. Si la mère traite son enfant comme « le complément de son manque », elle l'enferme dans un état fusionnel qui débouchera sur la psychose. À l'inverse, si la mère introduit un tiers symbolique dans cette relation fusionnelle (« le signifiant du nom-du-père »), l'enfant sera inscrit dans la problématique œdipienne et pourra accéder au statut de névrosé moyen. Dès lors que la relation fusionnelle est rompue, l'enfant n'a en effet d'autre issue que d'associer du sens aux éléments jusqu'ici indistincts de son univers mental. Il y parvient en nommant, *via* les symboles du langage, les éléments de cette réalité. Il se désigne par « je » et, peu à peu, en y associant des mots, prend conscience de ses désirs, des autres, du monde ambiant. Mais il n'y parvient, toujours selon Lacan, qu'en rejetant hors du champ de sa conscience cette vérité fondamentale qu'il n'a pu dire « je » qu'en se soustrayant au désir de l'Autre (sa mère). En accédant au langage, le sujet rentre à son insu dans un jeu de dupe, car toutes les chaînes de signifiants qui, grâce à ce langage, vont peu à peu se tisser sont reliées par des liens symboliques qu'il ne perçoit pas consciemment et qui *in fine* les rattachent aux signifiants primordiaux refoulés, témoins du conflit primordial à partir duquel s'est initiée sa construction comme sujet. Pourquoi cette fatalité ? Parce que, comme l'a enseigné Ferdinand de Saussure, dans le langage un signifiant n'a pas de sens en soi mais ne se définit que par son rapport à un autre signifiant. C'est donc dans cette trame invisible que quiconque s'avise de parler s'engluerait. Selon Lacan, lorsque le sujet considère qu'il parle, plus exactement cela parle en lui.

Lorsque, comme prélude à l'Œdipe, Lacan introduit la notion selon laquelle l'enfant initialement n'existe qu'en tant que complément au désir de l'autre (le phallus pour la mère), cela peut paraître comme une variation mineure sur le thème freudien. En réalité, ce ne l'est pas. La problématique œdipienne, au moins telle que nous l'avons présentée et telle que beaucoup d'analystes la formulent, est celle d'une phase de développement du monde psychique de l'enfant passant d'un stade immature centré sur la satisfaction immédiate des désirs à un stade plus élaboré prenant en compte l'existence d'une réalité extérieure irréductible, à laquelle il faut s'adapter par diverses stratégies. Cette conception est recevable sans réserve majeure pour un esprit scientifique. La vision lacanienne, elle, l'est beaucoup moins. En fait, Lacan déplace le centre de gravité du problème. Dès la naissance, selon lui, l'enfant serait irrémédiablement enchaîné dans une problématique structurelle le dépassant, qui serait le propre de la condition humaine et dont la mère en l'occurrence serait le vecteur. Objet de l'incomplétude du désir maternel, d'où découlerait toute sa trajectoire ultérieure, il n'aurait pour choix que de sombrer dans la psychose ou de se construire un moi factice en refoulant cet insurmontable fardeau. L'espèce humaine serait donc assujettie à cette fatalité qui serait le déterminant premier de notre vie psychique, générant par glissements progressifs tous les signifiants dont notre monde mental est peuplé. L'incomplétude du désir est certes une problématique majeure à laquelle chacun de nous doit se confronter d'une manière ou d'une autre dès l'enfance. Pour Freud tout se résume au mythe œdipien classique : je désire tuer mon père pour jouir de ma mère. Pour Lacan, l'histoire est différente : je suis confronté au drame insupportable de me concevoir comme le fruit du désir de l'autre. De toute évidence, cette question a fasciné Lacan qui a beaucoup écrit sur ce thème selon lui fondateur, en tout cas central dans son œuvre. Cette référence aux effets négatifs de notre interférence avec l'autre sur notre petite personne était très tendance dans le climat intellectuel des années 1950. Sartre, convaincu que nous sommes définitivement prisonniers du regard que nos semblables portent sur nous, proclamait : « L'enfer, c'est les autres. » Le docteur Lacan donne le nom du principal contributeur à cette torture : la mère, à laquelle nous devons donc notre enfer personnel. Autant d'écoles psychanalytiques, autant de « mythes fondateurs » à partir d'une thématique commune qui, contrairement à l'opinion de leurs auteurs, reflètent sans doute plus leur problématique personnelle (et celle de leurs disciples respectifs) que celle de l'humanité en général. Mais pas d'angoisse. Si vous n'y trouvez pas votre compte, nul ne vous empêche de vous construire une histoire à votre mesure pour vous penser. Que cent fleurs s'épanouissent ! Il est toutefois intéressant de noter que, par-delà les variations du scénario mis en avant, le socle commun sur lequel Freud et Lacan proposent de baser la compréhension du psychisme humain repose sur les rapports tourmentés entre nos *désirs* (autrement dit ce vers quoi notre système motivationnel nous pousse) et le *sens* que notre moi conscient s'évertue à y trouver. À ce niveau de généralité on ne peut certes qu'acquiescer.

Mais sans doute ai-je là outrageusement simplifié la pensée du maître. Laissons-le s'exprimer à propos de ce signifiant essentiel qui conditionne toute la trame à partir de laquelle s'élabore le devenir d'un individu : « Le nom-du-père intervient, seul signifiant du père, la parole articulée du père, la Loi en tant que le père est dans un rapport plus ou moins intime avec elle, ... cela est aussi très important. En d'autres termes, le rapport dans lequel la mère fonde le père comme médiateur de quelque chose qui est au-delà de sa loi à elle et de son caprice et qui est purement et simplement la Loi comme telle, le père donc en tant que nom-du-père, c'est-à-dire en tant que tout le développement de la doctrine freudienne nous l'annonce et le promeut, à savoir comme étroitement lié à cette énonciation de la Loi. C'est là ce qui est essentiel et c'est en cela qu'il est accepté ou qu'il n'est pas accepté par l'enfant comme celui qui prive ou ne prive pas la mère de l'objet de son désir[7]. » Est-ce plus clair comme cela ? Non ? Ne vous découragez pas, procurez-vous les œuvres complètes, il existe encore des centaines de pages de la même veine. L'œuvre de Lacan est une suite de propos énigmatiques, alambiqués, agrémentés d'une syntaxe baroque, elle fourmille de métaphores, d'allégories, aucun concept n'est clairement défini et, en définitive, elle a suscité autant d'interprétations qu'il y a de lecteurs (voir le nombre d'introductions à la lecture de Lacan, qui, il fut un temps, fleurissaient). Un point cependant, qui est de nature à interpeller le scientifique, revient comme un leitmotiv : la place centrale assignée au langage, qui est à la fois le vecteur de la pensée consciente et celui de l'inconscient. Sur ce dernier point, voici une citation pour une fois dépourvue d'ambiguïté : « Mon énoncé, à savoir que l'inconscient a une structure de langage, ne peut absolument pas s'entendre autrement que suivant ce que je disais il y a un moment, à savoir que le langage est la condition de l'inconscient[8]. » Dès lors, puisque tout est affaire de langage, de chaînes de signifiants, place à l'interprétation et, pour ce faire, aux vertiges de la pensée analogique la plus débridée, avec pour seule exigence celle de retomber *in fine* sur une problématique œdipienne (version lacanienne) censée fournir la clé du rébus. En ce sens, le lacanisme est bien le stade ultime du freudisme en ce qu'il a de plus contestable.

Au-delà du langage proprement dit, cette frénésie interprétative s'étend également au corps du sujet (si le cerveau en tant que tel n'existe pas dans l'univers lacanien, le reste du corps y tient une place). Là aussi, quand, pour une raison ou une autre, les mots n'y suffisent plus, cela se met à parler, toujours à l'insu du sujet bien sûr. « Le symptôme se résout tout entier dans une analyse de langage, parce qu'il est lui-même structuré comme un langage, qu'il est langage dont la parole doit être délivrée[9]. » Mais, s'agissant du corps, la scotomisation ou le rejet absolu du biologique au profit de la fascination devant des structures immatérielles (dont la parole doit être délivrée...) se paie régulièrement au prix fort : laisser évoluer une maladie grave non diagnostiquée sous prétexte d'élucider la signification inconsciente du symptôme somatique relève de la non-assistance à personne en danger. En définitive, pour le lacanien, le réel n'existe pas, il s'efface devant la toute-puissance de la pensée, des associations symboliques les plus arbitraires, peu importe comment on y parvient, pourvu que ces symboles puissent s'ordonner selon une trame convenue projetable sur toute situation particulière. Voir à propos de cette régression dans la pensée analogique, travers du freudisme en général et du lacanisme en particulier, le chapitre « Le royaume des causalités magiques » dans l'ouvrage de Michel Onfray, dans lequel l'auteur aboutit à cette conclusion : « En définitive, l'interprétation en apprend plus sur l'interprète que sur l'interprété[10]. » En tout cas, voilà une posture intellectuelle plutôt inquiétante de la part de quiconque prétend exercer une action thérapeutique vis-à-vis de sujets psychotiques dont précisément le rapport au réel est gravement altéré.

La déstructuration du moi : schizophrénie ?

Que dit la psychiatrie « officielle » au sujet de la psychose ? La psychiatrie officielle, au contraire du freudisme, ne se préoccupe pas d'identifier en première intention des mécanismes psychopathologiques qui seraient à l'origine des maladies mentales. Le concept de psychose *stricto sensu* lui est donc étranger. Elle se préoccupe par contre de caractériser le plus précisément possible ces maladies à partir de données objectives : symptômes, âge d'apparition, mode d'évolution, *sex-ratio*, etc., considérant que la connaissance de ces facteurs est un préalable essentiel à la recherche ultérieure des causes. Comme telle, elle repose largement sur une nomenclature des maladies mentales établie par le psychiatre Emil Kraepelin au début du XXe siècle et largement reprise dans les classifications actuelles.

Si l'on veut néanmoins établir quelques ponts entre les conceptions de Freud et celles de Kraepelin, il faut noter qu'en rapport avec le cadre assez lâche de « la psychose » freudienne, le second individualise au moins deux maladies mentales différentes. D'abord, les délires paranoïaques centrés sur des idées de préjudice, de jalousie ou de persécution, qui se caractérisent par leurs mécanismes interprétatifs extrêmement construits, clairs, basés sur des raisonnements pseudo-logiques. En second lieu, une entité clinique caractérisée par des *signes positifs* (délires flous, hermétiques dont les thèmes sont ceux précédemment décrits, hallucinations le plus souvent acoustico-verbales : le patient entend des voix), mais aussi par des *symptômes négatifs* (retrait social, émoussement des affects, indifférence affective, absence de motivation, apathie, ralentissement de la pensée et du discours), certes moins spectaculaires, mais tout aussi invalidants. Ces deux types de symptômes se combinent en des proportions variables au cours du temps durant l'évolution de la maladie, rendant toute tentative de découpage plus fin peu opérant. C'est donc un ensemble à première vue disparate et changeant de symptômes qu'il s'agit d'expliquer. Enfin, derniers facteurs à intégrer à l'équation, un âge de survenue des troubles et un mode d'évolution assez stéréotypés : la maladie ainsi définie est une maladie de l'adulte jeune évoluant sur un mode chronique. Kraepelin l'avait baptisée « démence précoce », mais cette dénomination n'a pas eu un grand succès. Un autre psychiatre, Bleuler, a ensuite introduit le terme « schizophrénie » (littéralement « brisure de l'esprit ») qui, lui, s'est imposé. Dans sa conception, Bleuler met au centre du processus morbide le relâchement des associations qui gouvernent normalement le cours de la pensée, ce qu'il appelle la dissociation psychique, qui selon lui fait le lit de tous les autres symptômes, mais il ne se prononce guère sur l'origine de ce trouble de l'idéation. Il insiste également sur ce qu'il appelle le repli autistique, qu'il décrit comme un mode de pensée particulier marqué par « un détachement de la réalité combiné à la prédominance relative ou absolue de la vie intérieure... Pour les malades, le monde autistique* est tout autant réalité que le monde réel, encore que ce soit parfois un autre genre de réalité. Ils ne peuvent pas distinguer les deux types de réalité, même quand ils les différencient en principe[11] ». On voit donc que, entre la psychose freudienne et la schizophrénie de Kraepelin/Bleuler, il existe une certaine parenté, même si dans un cas on s'attache plutôt à spécifier des mécanismes psychopathologiques et dans l'autre à décrire le plus précisément possible des symptômes et leur évolution.

Pendant un demi-siècle les choses en sont restées là, le seul élément nouveau étant la découverte fortuite dans les années 1950 d'une classe de molécules capable de bloquer la transmission dopaminergique, les neuroleptiques, qui s'est montrée capable d'araser les symptômes productifs, sans toutefois avoir d'action (souvent même en les aggravant) sur les symptômes négatifs. Ces trente dernières années toutefois les données du problème ont sensiblement évolué grâce aux progrès de la génétique, d'une part, de l'imagerie cérébrale, d'autre part.

Les facteurs génétiques

Le terrain génétique joue un rôle important dans la survenue de la schizophrénie. Il existe une concentration familiale de la maladie. Si l'un de vos frères et sœurs est atteint,

* Cette référence à un « monde autistique », c'est-à-dire déconnecté de la réalité, caractéristique de la schizophrénie selon Bleuler est bien antérieure à la description de l'autisme infantile par Leo Kanner en 1943. Les deux termes ne doivent pas être confondus.

votre risque de développer vous-même la maladie passe de 1 % (risque dans la population générale) à 10 % environ. Cela en soi n'est absolument pas un argument suffisant pour incriminer l'emprise des gènes. Des facteurs de milieu, partagés entre frères et sœurs, peuvent à eux seuls expliquer cette concentration familiale. Pour apprécier la part du facteur génétique, on a recours aux études de jumeaux. Soit des jumeaux dont l'un au moins est schizophrène. On étudie la concordance pour ce diagnostic chez le second. Si la concordance est supérieure chez les jumeaux monozygotes, génétiquement identiques, par rapport aux dizygotes, génétiquement comparables à des frères et sœurs, alors les gènes jouent un rôle dans la survenue de la maladie. La concordance est de l'ordre de 10-15 % chez les paires dizygotes, à peine supérieure à celle retrouvée dans les fratries ; elle atteint 40-45 % chez les monozygotes. Cela constitue la preuve de l'existence de facteurs de prédisposition génétique. Notons toutefois que cette concordance n'atteint pas 100 %, chiffre auquel on se serait attendu sous l'hypothèse du « tout-génétique », c'est-à-dire s'il existait des altérations génétiques nécessaires et *suffisantes* pour provoquer la maladie. À défaut de gènes entièrement causaux, nous n'aurons donc affaire qu'à des *facteurs de risque génétiques* qui combinent leurs effets avec ceux de facteurs de milieu.

Pour mieux cerner cette notion de facteur de risque génétique, et plus généralement comprendre l'emprise des gènes (également appelés séquences codantes de l'ADN) sur les comportements, rappelons quelques fondamentaux. L'information contenue dans un gène concerne la ou les protéines pour lesquelles il code et rien d'autre. Tout trait biologique (incluant des traits complexes tels les comportements d'un organisme) repose sur l'activité de structures cellulaires au sein desquelles des réseaux de protéines en interaction concourent à l'expression du trait en question. Toute variation génétique modifiant la structure d'une protéine (soit en lui faisant perdre sa fonction normale, soit en introduisant une nouvelle fonction aberrante) ou son niveau d'expression est susceptible d'impacter le fonctionnement de tel ou tel réseau protéique. En fonction de la gravité de cette altération et de la place de la protéine dans la topologie du réseau, celui-ci sera plus ou moins perturbé, et donc la variation génétique considérée sera un facteur de risque plus ou moins prégnant pour l'apparition de tel ou tel trait comportemental, pathologique ou non. De cela découle que des expressions laissant supposer un contrôle monogénique d'un trait comportemental, telles que le « gène de l'addiction » ou le « gène de l'agressivité » ou encore le « gène de l'hyperactivité » sont vides de sens et que, à l'inverse, des atteintes de plusieurs dizaines, voire plusieurs centaines, de gènes différents sont susceptibles d'être impliquées, avec un impact variable, dans l'apparition d'un trait ou d'une maladie donnée.

Que savons-nous des variations génétiques conférant un risque pour la schizophrénie ? Le principe des études menées pour les identifier est d'une grande simplicité. On mesure la fréquence de variations génétiques présentes au niveau d'une population dans un groupe de malades et dans un groupe de sujets témoins. Si la fréquence d'une variation donnée est significativement augmentée chez les malades, alors c'est un facteur de risque pour la maladie considérée, si à l'inverse la fréquence est supérieure chez les témoins, alors c'est un facteur protecteur, si la fréquence est égale entre les deux groupes, alors le variant est neutre. Ces études ont dans un premier temps été menées sur des *variations fréquentes* au niveau des populations, c'est-à-dire par convention, présentes chez plus de 2 % des individus. Compte tenu du très grand nombre de tests effectués (ces variations fréquentes sont très nombreuses, particulièrement au niveau des régions intergéniques dites « régions non codantes »), elles nécessitent de très grands effectifs pour atteindre des niveaux de significativité statistique acceptable dans les tests de comparaison. En 2014, un consortium international regroupant pratiquement tous les généticiens travaillant sur ce sujet a publié les premiers résultats concernant 37 000 schizophrènes et 113 000 témoins[12] : une centaine de gènes y étaient pointés, pour lesquels des variations fréquentes généralement situées dans les zones régulant l'expression du gène, confèrent le risque. Depuis, les populations d'études ont été augmentées et en 2022 le nombre de gènes concernés par cette classe de variants fréquents est de l'ordre de 300. Le risque associé à chacun de ces variants est en règle générale extrêmement faible, infime même, mais comme ils sont très répandus au sein des populations, nous en portons tous plusieurs et il n'est pas interdit de penser que certaines combinaisons ont un effet particulièrement délétère. Cependant, il est vite apparu que l'effet de ces variants fréquents ne pouvait à lui seul rendre compte de la composante génétique de la maladie.

L'intérêt s'est donc ensuite logiquement déplacé vers le groupe des *variations rares conférant un risque fort*. Pourquoi établir d'emblée une relation entre force de l'effet et rareté du variant ? La schizophrénie est une maladie suffisamment invalidante pour compromettre la capacité des personnes atteintes à transmettre leurs gènes. Dans ces conditions, un peu de darwinisme de base nous enseigne que des variations associées à un risque fort de schizophrénie ne peuvent atteindre des fréquences élevées au sein de la population : leurs porteurs se reproduisent trop peu.

Dans cette gamme, on a d'abord identifié une dizaine de variants faiblement récurrents appartenant à une classe particulière, que l'on nomme les « variations du nombre de copies ». Ce sont de petits remaniements de régions chromosomiques touchant un ou quelques gènes qui font passer le nombre de copies des gènes touchés de deux (chiffre normal) à un ou trois. Puis, plus récemment, on est passé à l'étude des erreurs ponctuelles affectant les lettres de l'ADN dans la séquence codante des gènes, variations donc susceptibles de modifier la structure des protéines produites. Le génome humain a été séquencé en 2004, ce qui a permis d'établir une séquence de référence pour notre espèce. Pour sa partie codante, aussi nommée « exome », cette séquence se compose de 34 millions de lettres composant nos 20 000 gènes. Les données de séquençage de 141 000 individus, appartenant à divers groupes ethniques, réunies dans une base de données unique, ont montré une formidable diversité génétique interindividuelle. Quelques chiffres : on trouve dans cette population une variation toutes les 8 lettres par rapport au génome de référence, 99 % de ces variations sont rares (présentes chez moins de 2 % des individus), 54 % n'ont été vues qu'une fois chez les individus séquencés et chaque individu porte environ 20 000 variants rares dans son exome. Multiplions le nombre d'individus séquencés par 10, ce qui est d'ores et déjà réalisé, et l'on trouvera des variants rares à toutes les positions, sauf à quelques-unes où leur présence est incompatible avec la survie de leurs porteurs. Au niveau de l'exome, le nombre de variants rares par individu surpasse donc très largement le nombre de variants fréquents, ces derniers étant, nous l'avons vu, surtout localisés dans les régions intergéniques. Bien sûr, l'immense majorité de ces variants exoniques rares ne confère aucun risque pour aucune maladie, sinon notre espèce aurait cessé d'exister. Mais quelques-uns le font, et la tâche des généticiens est de les mettre en évidence, ce qui à première vue s'apparente à chercher une aiguille dans une botte de foin. Différentes stratégies ont été élaborées à cette fin, mais toutes requièrent de séquencer l'ADN de grosses cohortes de malades, et elles n'ont encore été appliquées que partiellement dans le cas de la schizophrénie[13]. Ce n'est que très récemment que de telles populations d'étude ont pu commencer à être réunies, permettant la mise en évidence d'un risque associé à cette classe de variants rares de façon certaine pour 10 gènes et probable pour une vingtaine d'autres[14]. Ce n'est là que le début de l'histoire. Si l'on extrapole à partir des résultats déjà obtenus dans l'autisme où les recherches sur les variants rares sont plus avancées, on peut s'attendre à trouver dans les années à venir plusieurs centaines de gènes portant des variants rares associés à un fort risque pour la schizophrénie. *De très nombreux facteurs génétiques conférant un risque élevé, impliqués donc, chacun étant présent dans une petite proportion de cas.* Mais de multiples petites rivières finissent par faire de grands fleuves.

Si l'on regarde à la lumière des données actuelles la fonction des gènes impactés par les différentes classes de variants conférant un risque pour la schizophrénie, deux conclusions se dégagent : premièrement, une large proportion de ces gènes jouent un rôle dans les phénomènes de transmission et de plasticité synaptique ou de mise en place des réseaux neuronaux ; en second lieu, un certain nombre d'entre eux sont également impliqués dans d'autres maladies neurodéveloppementales (autisme, déficience intellectuelle)[15].

L'apport de l'imagerie fonctionnelle à la compréhension des réseaux neuronaux impliqués

Examinons maintenant ce qu'a apporté l'imagerie cérébrale fonctionnelle à la compréhension des symptômes de la schizophrénie. Ces dernières années, on l'a vu, l'intérêt des imageurs s'est déplacé vers les études de connectivité visant à visualiser des réseaux stables d'interactions fonctionnelles entre populations neuronales (*cf.* p. 80 [« L'imagerie cérébrale fonctionnelle et le moi : visualiser les réseaux neuronaux »]). En se restreignant aux zones corticales associatives qui traitent des informations de haut niveau, c'est-à-dire en excluant les cortex sensori-moteurs qui établissent leurs propres réseaux locaux, trois grands ensembles fonctionnels ont été délimités[16]. Outre le réseau du mode par défaut (*DMN : default mode network*), que nous avons déjà évoqué, ont ainsi été individualisés un réseau central exécutif (*CEN : central executive network*) et un réseau de saillance (*SA : salience network*) (figure 5, p. 82). Le réseau exécutif, un espace disposant d'importantes capacités de mémoire de travail permettant d'effectuer des opérations cognitivement complexes sur des données maintenues en ligne, comme la mémoire vive de nos ordinateurs, s'ancre sur l'immense cortex frontal dorsolatéral et sur le cortex pariétal postérieur. Il est actif, sur un mode conscient, chaque fois que nous mobilisons nos capacités de réflexion pour résoudre un problème, planifier une conduite, prendre une décision, toutes ces fonctions que l'on nomme exécutives. Le troisième réseau fonctionnel est le réseau de saillance (figure 5, p. 82). Que cache donc cette dénomination, quelque peu obscure ?

Réseau de saillance, insula et cortex cingulaire antérieur

La fonction de ce réseau est de détecter dans la cacophonie sensorielle qui nous assaille à chaque instant les éléments importants, susceptibles de faire sens pour nous, d'interpréter les émotions que ces stimuli suscitent en nous, de nous motiver et de guider nos actions en réponse à ces éléments saillants. De façon intéressante, le réseau de saillance est susceptible de désactiver le réseau par défaut et d'activer le réseau exécutif, donc de concentrer des ressources cognitives pour faire face à ces situations particulières. C'est donc une sorte de chef d'orchestre dont le rôle est fondamental dans l'organisation de notre monde mental conscient. Il se fonde sur un ensemble de structures sous-corticales et corticales dont plusieurs (l'amygdale, le striatum ventral et les noyaux dopaminergiques de l'aire tegmentaire ventrale) nous sont déjà connues, et dont nous allons à présent découvrir deux autres membres, l'insula et le cortex cingulaire antérieur.

L'insula est un lobe cortical caché dans les replis du lobe frontal (figure 6).

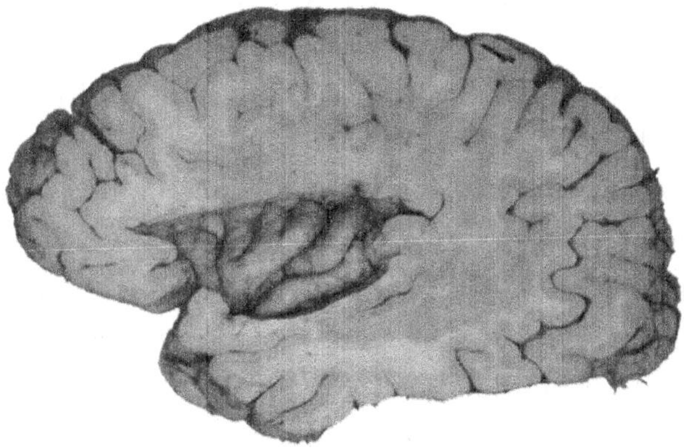

Figure 6. Insula.

Pendant longtemps, elle n'a reçu qu'un intérêt minime de la part des neurologues. C'est pourtant une zone du cortex fort intéressante qui intègre des informations sensorielles provenant à la fois du monde extérieur et de notre propre corps. Au niveau le plus élémentaire, l'insula est impliquée dans l'expérience subjective, qui s'impose comme une évidence à chacun d'entre nous, d'être maître de son corps et de ses mouvements. Prenons un exemple. Comme déjà évoqué, après un accident vasculaire atteignant le cortex moteur droit, lorsque de surcroît l'insula droite est touchée [17], les patients peuvent se comporter comme si la paralysie qui touche le côté gauche de leur corps n'existait pas. Ils ne s'inquiètent pas de leur état, le dénient, et lorsqu'on leur demande d'effectuer un mouvement qu'ils ne peuvent plus faire, ils sont convaincus de l'avoir effectué correctement. Parfois, confrontés à la vision de leur membre inerte, ils émettent des croyances surprenantes, déclarant par exemple que ce bras immobile n'est pas le leur. Une telle attitude de déni chez ces patients n'est en rien réductible à un mécanisme de défense psychologique vis-à-vis de leur handicap, elle ne s'observe que lors des atteintes touchant l'*hémisphère droit*. De toute évidence, l'image que ces patients se font de leur corps à la suite de la lésion de l'insula droite est gravement perturbée et ils n'en ont pas conscience.

Plus généralement, on s'est peu à peu aperçu que l'insula jouait un rôle clé dans la *prise de conscience de nos états émotionnels*. Bud Graig, grand connaisseur de cette structure, a pris la peine de lister les états émotionnels dont la prise de conscience et l'intensité subjective ont été corrélées par des études en IRMf à une activation de l'insula[18]. La liste est édifiante : amour romantique et maternel, colère, peur, tristesse, joie, plaisir sexuel (dans une IRMf !), dégoût, aversion, sentiment d'iniquité, indignation, incrédulité, exclusion sociale, confiance, empathie, beauté, union mystique avec Dieu... Connaissant le rôle de senseur des états corporels joué par l'insula, les auteurs anglo-saxons, fortement influencés par les théories de William James selon lesquelles toute émotion dérive en fait de l'interprétation par le cerveau d'une sensation corporelle, n'ont pas tardé à voir là la confirmation de cette théorie. Damasio, notamment, a redonné une nouvelle jeunesse à ces conceptions en développant la notion de « marqueurs somatiques » des émotions. Sans nier ce détour par le corps, on peut toutefois penser que l'insula, richement connectée aux structures qui génèrent ces émotions, l'amygdale en particulier, est directement informée par celles-ci lors de leur activation. En d'autres termes, si j'ai peur consciemment, c'est tout autant parce que mon insula a détecté que mon estomac se noue que parce que l'amygdale, qui a provoqué cette réaction corporelle, lui a directement envoyé des signaux. Quel que soit le détail des mécanismes à l'œuvre, le résultat à retenir est que l'insula est capable de produire des représentations neuronales se rapportant à notre état émotionnel, dont une caractéristique notable est leur capacité à s'intégrer au sein de l'espace de travail conscient.

Insula et prise de conscience de nos émotions donc. Fort bien, mais quel est le rapport de tout cela avec le réseau de saillance ? Pour le comprendre, nous devons considérer que, malgré une assez grande distance spatiale entre ces deux structures, l'insula est très fortement connectée avec un autre membre du réseau de saillance, le cortex cingulaire antérieur (figure 3, p. 37). En fait, il est pratiquement impossible d'observer une activation de l'un sans l'autre. Le rôle prédominant du cortex cingulaire est de détecter tout *conflit cognitif résultant de l'activation simultanée de représentations incompatibles*[19]. En pratique courante, ces incompatibilités peuvent être présentes à un niveau sémantique comme dans le test de Stroop, au cours duquel on demande à un sujet d'identifier une couleur lorsqu'on lui présente simultanément deux stimuli violemment incompatibles, comme le mot « rouge » écrit à l'encre verte. Elles sont également détectées par le cerveau lors du monitoring d'actions volontaires. En effet, à l'issue de tout acte volontaire le cerveau prend la peine de procéder à une comparaison entre le résultat obtenu et celui attendu.

On comprend dès lors le lien fonctionnel étroit entre cortex cingulaire antérieur et insula. L'insula intervient en analysant la situation du point de vue émotionnel parallèlement à l'évaluation cognitive réalisée par le cortex cingulaire antérieur lors de ces diverses situations conflictuelles. Chez tout un chacun (mais parfois le système déraille), l'absence de conflit cognitif se traduit plutôt par un état subjectif de bien-être et le conflit par un état d'anxiété. C'est donc en mobilisant *à la fois des informations cognitives et émotionnelles intégrées au niveau du réseau de saillance* que le cerveau apprend et modifie ses systèmes de croyances en ajustant sans cesse ses prédictions sur le sens des événements en cours en fonction de l'expérience réelle.

Pour que l'humain fonctionne il ne lui suffit pas d'avoir des désirs et une motivation pour les réaliser, il lui faut aussi sans cesse prendre la mesure des contraintes que la réalité extérieure impose à cette dynamique individuelle. Voilà la traduction concrète dans le fonctionnement cérébral du principe de réalité mis en avant par Freud et auquel tout humain doit se soumettre. Malheur pour qui ce système d'évaluation déraille : on peut s'attendre à voir les processus d'apprentissage et d'adaptation au réel, au lieu de s'affiner, dériver vers la constitution de systèmes de croyances de plus en plus aberrants et de plus en plus déconnectés de la réalité. Fondamentalement, les constructions délirantes qui apparaissent alors ne tiennent plus compte des distinctions que notre cerveau a, au cours de sa maturation, apprises à faire entre les exigences de notre système de motivations personnelles, d'une part, et la réalité extérieure, d'autre part.

Des situations conflictuelles de toutes natures au niveau de représentations neuronales activées à un instant donné se produisent sans cesse et l'on peut détecter l'activité électrique que leur traitement, pour bonne part inconscient, génère au niveau du cortex cingulaire antérieur. Prenons l'exemple du monitoring d'une action qui a été contrariée par la présentation inopinée d'un stimulus distracteur[20]. D'abord 50 millisecondes environ après la présentation du distracteur, le cortex cingulaire génère une onde négative témoignant que ce conflit a bien été identifié, mais ce traitement échappe à la conscience. Souvent, les choses s'arrêtent là. Parfois, une onde positive plus tardive (250 millisecondes environ) peut être détectée. La présence de cette onde, témoignant d'un traitement plus approfondi du signal, est corrélée aux situations où le sujet perçoit consciemment qu'une erreur a été commise. Là, comme ailleurs, le frêle esquif de la conscience navigue sur les flots de processus de traitement de l'information totalement inconscients. Notons toutefois que les informations traitées par l'insula et participant, comme on vient de le voir, à la prise de conscience des états émotionnels en fonction de tel ou tel contexte sont, elles, généralement associées à la détection *consciente* d'erreurs[21].

Au total, le réseau de saillance où convergent des informations émotionnelles, des prédictions d'erreurs sur les récompenses attendues, qui est pourvu d'un puissant comparateur détectant les conflits de représentations est idéalement placé pour extraire du contexte tant externe qu'interne les informations pertinentes permettant de *régler nos apprentissages, de structurer notre système de croyance, de guider nos motivations et prises de décisions*. Et, cerise sur le gâteau, de réguler le degré de cohérence quant aux interactions entre notre moi et le monde environnant.

Petite parenthèse. On notera que plusieurs structures du réseau de saillance qui produisent ou traitent des informations de nature émotionnelle sont parfois identifiées comme appartenant au « système limbique », terme dont le succès ne se dément pas. C'est pourtant là une dénomination malheureuse, tributaire de conceptions dépassées sur l'organisation cérébrale, mais qui reste encore prégnante à cause de sa simplicité apparente, qui est en fait un simplisme. Ce terme, forgé par Paul MacLean en 1949, est basé sur la conception d'une évolution phylogénétique du cerveau en trois grandes étapes : d'abord un cerveau reptilien comprenant les structures du tronc cérébral qui assure les fonctions élémentaires d'homéostasie de l'organisme ainsi que la gestion des comportements instinctuels liés à la reproduction et l'alimentation ; puis un cerveau émotionnel permettant un certain degré de vie sociale, géré par un ensemble de structures sous-corticales constituant ledit système limbique ; et enfin un cerveau évolué, intelligent et finalement doté de conscience, reposant lui sur les structures néocorticales. Cette vision des choses, encore très répandue, pose de graves problèmes : contrairement à ce que MacLean pensait, il n'existe en fait aucune unité de fonction entre les structures limbiques. Si l'amygdale traite bien des signaux émotionnels, l'autre grande structure limbique, selon MacLean, l'hippocampe, génère, comme on le sait maintenant, des informations contextuelles utilisées par la mémoire épisodique. Plus grave, l'insula, qui joue un rôle déterminant dans la prise de conscience émotionnelle, est une structure corticale. C'est même l'une des structures qui, dans l'évolution récente du cortex des hominidés, a connu l'expansion la plus remarquable. On y trouve une classe de neurones spécialisée dans le transfert d'informations sur des réseaux à longue distance, qui sont les plus « modernes » du cerveau. Antonio Damasio a eu le très grand mérite de marteler, dans son livre *L'Erreur de Descartes*[22], cette vérité : opposer cerveau émotionnel et cerveau « intelligent » (on dit maintenant « cognitif »...) ne peut que conduire à de graves déboires. En fait, et il en apporte la démonstration, on peut sans risque d'erreur identifier une composante « émotionnelle » au cœur de chaque processus « cognitif ».

Schizophrénie : le rôle du réseau de saillance

Dans la schizophrénie, bien que les trois grands réseaux fonctionnels que nous avons décrits soient impactés (comme en témoignent par exemple pour le *CEN* les troubles massifs du cours de la pensée déjà notés par Bleuler, ou pour le *DMN* les difficultés à attribuer des états mentaux aux autres et à interpréter leurs comportements), beaucoup d'auteurs pensent que le dysfonctionnement du réseau de saillance joue un rôle cardinal dans l'apparition des symptômes en attribuant des *saillances aberrantes à des informations émotionnelles ou perceptives*[23].

Considérons par exemple les hallucinations acousticoverbales, ce symptôme phare de la schizophrénie. Une voix commente mes actes ou me commande, parfois m'insulte. C'est en fait la mauvaise prise en compte par mon réseau de saillance de mon propre langage intérieur se rapportant généralement à des faits autobiographiques. Du fait d'un traitement déficient de l'information sensorielle et de l'attribution de tags de saillances erronés, ce langage intérieur est interprété comme résultant de perceptions extérieures intrusives. Placez un schizophrène assailli par ces voix dans une IRMf (ce qui, je vous l'accorde, n'est pas évident...), vous verrez s'activer les régions cérébrales impliquées dans la production du langage, les régions parahippocampiques qui sont des structures du *DMN*, des régions du cortex temporal impliquées dans l'analyse des signaux auditifs et... l'insula, membre du réseau de saillance, orchestrateur (défaillant !) de ce vaste ensemble neuronal, qui s'est en l'occurrence révélé incapable d'attribuer correctement une origine endogène à ces stimuli[24].

Observons maintenant les constructions délirantes typiques d'un schizophrène, ce que l'on appelle des délires de référence. Ce sont des délires interprétatifs mal construits, peu systématisés, difficilement compréhensibles, produits d'associations aberrantes. Un mécanisme fréquent alimentant ces constructions délirantes est le suivant : une perception anodine (un bruit, une forme visuelle, une sensation corporelle...) à laquelle nous n'attachons aucune importance en temps habituel capte soudain l'attention du malade et est investie d'une signification particulière qui s'impose à lui. Parfois, tel geste d'un tiers exprime un message caché, telle bribe de phrase entendue à la télévision est un commentaire direct de ses pensées... Là encore, mauvaise évaluation contextuelle par le réseau de saillance lorsqu'il met en exergue des stimuli normalement filtrés comme banals, lesquels vont alimenter des constructions délirantes visant (en pure perte) à donner un peu de sens à un monde mental imprévisible.

Qu'en est-il des symptômes négatifs de la schizophrénie ? Il est connu de longue date que plusieurs structures du réseau de saillance jouent un rôle clé dans le contrôle motivationnel. Les neurones de l'aire tegmentaire ventrale bien sûr, mais aussi ceux du cortex cingulaire antérieur dont l'atteinte bilatérale peut entraîner un syndrome dit « de mutisme akinétique » au cours duquel les malades, bien que non paralysés, présentent une absence plus ou moins totale de mouvements spontanés et de parole liée à un manque de motivation pour initier ces actes. Évidemment, ce mutisme akinétique a beaucoup à voir avec la catatonie rencontrée chez certains schizophrènes déficitaires. Toutefois, la compréhension fine du rôle des structures du réseau de saillance dans la genèse des signes négatifs de la schizophrénie reste encore fragmentaire[25].

Retour sur la dopamine

Nous devons maintenant essayer de comprendre le lien entre tout ce qui précède et l'effet thérapeutique de la seule classe de médicament dont nous disposons, les neuroleptiques, lesquels agissent comme antagonistes de la neurotransmission dopaminergique, c'est-à-dire en bloquant l'effet de la dopamine libérée par les neurones de l'aire tegmentaire ventrale. La fonction de ces neurones – autres membres du réseau de saillance – est, nous l'avons vu, d'énergiser les boucles cortico-sous-corticales motrices et associatives afin de nous motiver à penser, à ressentir, à agir. Leur hyperactivité est corrélée aux signes positifs de la schizophrénie et les neuroleptiques réduisent l'émergence de ces symptômes. Inversement, les substances addictives qui favorisent la transmission dopaminergique (cocaïne, amphétamines, cannabis) aggravent les symptômes positifs. Les neuroleptiques induisent un état d'indifférence, les idées délirantes et les hallucinations ne disparaissent pas toujours, mais les malades n'y accordent plus trop d'importance. Comme on pouvait s'y attendre, ils n'ont par contre pas d'effet sur les symptômes négatifs qu'ils tendent plutôt à accentuer. Tout cela nous indique que l'implication des neurones dopaminergiques dans la schizophrénie est particulièrement complexe avec, selon les phases de la maladie et les symptômes proéminents, un excès ou un déficit de transmission.

Du fait de la relative efficacité et du mécanisme d'action des neuroleptiques, on a cru un temps que la schizophrénie était due à une *atteinte sélective des neurones dopaminergiques* – cela aurait bien simplifié les choses –, mais cette hypothèse est maintenant abandonnée : d'une part, l'imagerie cérébrale nous montre chez les schizophrènes (et ce dès les premiers épisodes de la maladie) des altérations structurales de la substance grise et blanche affectant de nombreuses régions cérébrales[26] (les régions du réseau de saillance étant particulièrement touchées, mais également le *DMN* et le *CEN*) ; d'autre part, les facteurs de risque génétique identifiés ne pointent pas particulièrement vers la neurotransmission dopaminergique. Il faut donc concevoir que les anomalies de transmission dopaminergique constatées, et sur lesquelles nos médicaments sont en partie actifs, ne constituent *pas la cause de la maladie mais en sont seulement l'une de ses manifestations.*

Les neurones dopaminergiques se contentent de *diffuser dans le cerveau des* schizophrènes des *signaux de prédiction aberrants.* Quels sont précisément ces signaux ? Cela fait maintenant plus de trente ans que nous essayons de disséquer la réponse phasique des neurones dopaminergiques dans diverses situations, et des zones d'ombre subsistent. On a vu qu'en présence d'une récompense inattendue ils étaient capables d'assigner une saillance particulière à ces stimuli ou à d'autres les annonçant, en calculant une erreur de prédiction sur la récompense attendue. Mais les neurones dopaminergiques ne transmettent pas que ce signal[27]. Ils sont également actifs dans d'autres situations non directement liées à l'obtention de récompenses[28]. On leur a donc assigné un rôle plus large, comme véhiculant des informations plus générales sur la saillance des stimuli, c'est-à-dire sur tout événement externe ou interne à l'organisme qui *n'entre pas dans le cadre d'un schéma de prédiction basé sur les expériences antérieures*[29]. Dans ce cadre, il faut concevoir le rôle de l'aire tegmentaire ventrale, siège des neurones dopaminergiques, comme celle d'une structure de sortie du réseau de saillance, une sorte d'effecteur, utilisant les calculs réalisés par l'ensemble du réseau pour activer toute une série de structures cérébrales. Ce faisant, ces neurones dopaminergiques exercent un effet considérable sur notre monde mental, mobilisent des ressources cognitives, induisent des comportements et des états émotionnels sur la base de prédictions qui, chez le schizophrène, s'avèrent aberrantes.

Terrain génétique, réseaux neuronaux et défauts du traitement de l'information

Avec les données de la génétique, d'une part, de l'imagerie fonctionnelle, d'autre part, nous disposons maintenant de deux maillons clés pour construire notre histoire concernant la schizophrénie. Il restera à les articuler de façon cohérente, à comprendre exactement ce qui dysfonctionne au niveau du traitement de l'information dans les réseaux neuronaux impactés, ce qui va demander du temps, mais nous pouvons dès maintenant fournir l'esquisse générale : comment des réseaux neuronaux fragilisés, anormalement connectés, se révèlent incapables de construire un système de représentations stables donnant un sens à notre expérience quotidienne, comment ils échouent à instaurer un moi en tant qu'agent clairement distinct de la réalité extérieure, comment confronté aux aléas de la vie et notamment à l'exigence de la recherche de récompense, l'ersatz de moi qu'ils ont construit, incapable de gérer la situation, peut s'effondrer complètement, et avec lui le vernis d'un fonctionnement psychique apparemment normal, laissant place au chaos d'un monde mental déstructuré.

Au final, une approche médicale se fondant sur les neurosciences et l'approche psychanalytique partagent la constatation première selon laquelle dans ces états mentaux extrêmes, l'ensemble du système d'attribution du sens est perturbé en profondeur. Mais au-delà de ce socle commun les points de vue divergent vite. Pour Freud et Lacan, la question essentielle dans le mode de pensée psychotique est la *non-attribution de sens* à des éléments de la réalité, constatation nourrie chez Lacan de spéculations hasardeuses sur l'origine de ce trou noir. Sans nier cet aspect de la question, les neurosciences ont pour le moment concentré leurs efforts sur l'*attribution de significations aberrantes* au monde ambiant chez ces mêmes sujets et sur l'identification des mécanismes cérébraux sous-tendant celle-ci.

Au début était le verbe : le psychanalyste lacanien et le cerveau

L'exigence de relier les symptômes présents chez un malade au fonctionnement de son cerveau, les analystes dans leur immense majorité s'en fichent comme d'une guigne. Aussi – rarissime exception – est-ce avec intérêt qu'il convient de parcourir l'ouvrage de Gérard Pommier, psychanalyste lacanien, *Comment les neurosciences démontrent la psychanalyse*[30]. Le propos de ce livre est de montrer que l'opposition entre ces deux approches est infondée et que, bien plus, « nombre de résultats de la neurophysiologie ne peuvent être interprétés sans la psychanalyse ». Contrairement à ses confrères, Gérard Pommier soutient que les catégories utilisées par Lacan pour décrire le psychisme humain non seulement sont compatibles avec l'organisation fonctionnelle du cerveau, mais que, bien plus, c'est cette structuration du psychisme qui a directement conditionné l'organisation cérébrale. Voyons donc dans le détail en quoi consiste cette heureuse autant qu'improbable convergence entre les réseaux neuronaux et l'ordre symbolique.

En lacanien conséquent, l'auteur commence par planter le décor suivant : « La parole [...] préexiste à un système neuronal auquel elle donne son pli[31] », « ce dernier [le langage] est extérieur au cerveau[32] ». Il fustige ensuite le « préjugé tenace d'une conceptualisation mentale précédant l'usage des mots qui remonte à Aristote[33] ». Si préjugé il y a, notons qu'il est toujours partagé par les neurologues qui actuellement prennent en charge des patients aphasiques. Voici par exemple ce qu'écrit Antonio Damasio[34] dans une synthèse concernant l'aphasie : « Les patients aphasiques ne peuvent plus convertir de façon efficace les séquences de représentations mentales non verbales qui constituent la pensée en symboles et organisation grammaticale qui constituent le langage. On peut dire que les images ou représentations de la pensée ne peuvent plus être rendues en mots et phrases qui les traduisent de façon appropriée. » De fait, comme nous l'avons déjà évoqué, la médecine a localisé dans les lobes temporaux des structures corticales où se forment à partir de multiples sources d'information des représentations sémantiques, dans les lobes frontaux des structures permettant d'y accéder et de les manipuler, auxquelles s'ajoute, dans l'hémisphère gauche uniquement, une machinerie spécialisée dans la production et la compréhension du langage proprement dit (syntaxe, lexique, morphologie des mots). Production du langage et pensée semblent donc bien relever de substrats neuronaux différents, certes en étroite relation, mais individualisables. Lorsqu'à la suite de lésions atteignant l'hémisphère gauche des patients deviennent aphasiques, dans la plupart des cas leur examen montre que les concepts persistent derrière les mots estropiés ou manquants, de même que l'articulation de la pensée subsiste et peut dans une certaine mesure être suivie en dépit d'une syntaxe chamboulée, ce qui peut être résumé par cette formule d'un patient : « Ce qui sort n'est pas la chose que je voulais dire. » Même lorsque la conscience du trouble est moins aiguë, les propos des aphasiques sont truffés de formules d'échec : « Je n'y arrive pas », ou de doute : « Est-ce que cela se dit ? » Lorsqu'en dénomination d'images on fournit le mot exact à un patient qui a donné un nom incorrect et qu'on lui demande de choisir entre les deux termes, il privilégie le plus souvent le terme correct, comme si une trace du symbole linguistique qui ne peut plus être généré correctement subsistait néanmoins et pouvait encore être mise en relation avec le concept. Souvent, lorsque le terme exact ne vient pas, le patient procède par approximation autour d'une même catégorie conceptuelle. Tout cela dénote une persistance de la sémantique. Non, le « jargon » des aphasiques ne reflète pas une perte première du sens, telle qu'on l'observe dans les démences sémantiques. Il ne s'agit pas pour autant de tirer de ces observations des conclusions extrémistes et manifestement abusives telles celles d'une pensée consciente entièrement préformatée avant même sa formulation, comme l'a défendu Steven Pinker[35], le langage étant alors réduit à un pur instrument de communication. Le rôle évident du langage comme favorisant la communication interindividuelle n'épuise pas sa fonction. Au-delà de cet aspect indéniable, son formalisme propre est un puissant levier qui permet de clarifier, d'organiser et d'étendre le champ sémantique préexistant.

Il faut noter que cette conception générale des rapports complémentaires pensée/langage est confortée par les observations réalisées chez les grands singes chez qui l'apprentissage de la langue des signes (ou de tout autre moyen de communication symbolique) a suffi à nous donner accès à un riche monde de pensées et de concepts, comprenant la désignation de leur identité propre.

Chez l'homme, comme chez l'animal, la vie mentale consciente se nourrit fondamentalement d'images mentales provenant de la perception ou de l'imagination. Mais, spécificité humaine, ces images sont redoublées par le langage, langage intérieur ou communicatif. Sur ces questions, Gérard Pommier adopte en bonne orthodoxie lacanienne le point de vue selon lequel cette activité langagière est le point de passage obligé pour l'accès à la conscience. Il écrit : « L'homme n'a conscience d'aucune sensation sans la médiation du symbole[36] [...]. Aussitôt reconnu, le percept est nommé par un concept, lui-même sur le champ qualifié par un second concept qui l'enferme dans la boucle d'une phrase[37]. » D'un côté, donc, un monde d'images et de sensations infiltrées de valeurs pulsionnelles inconscientes, et, de l'autre, un monde de symboles linguistiques permettant de découper cette globalité, d'en nommer et d'en articuler les constituants. Deux univers étanches, de nature radicalement différente. Pour établir cette coupure fondamentale entre symboles et images les lacaniens se basent sur les travaux de Ferdinand de Saussure à propos du formalisme de la langue. Comme nous l'avons vu, ce dernier considère que dans le fonctionnement de la langue le rapport du signifié et du signifiant est nécessairement arbitraire et donc dépourvu d'intérêt propre pour le linguiste. Prenons un exemple : il n'y a aucune raison autre que conventionnelle pour que le son « ban » (signifiant) désigne un objet destiné à s'asseoir (signifié). Certes. De cette constatation, pour Saussure, découle que la seule question pertinente pour qui veut comprendre le fonctionnement de la langue est l'étude de l'organisation de ces chaînes de symboles arbitraires et des liens formels qu'ils établissent entre eux. Puisque, selon Lacan, l'inconscient est structuré comme un langage, utilisons ce paradigme pour en comprendre le fonctionnement. Concentrons-nous sur les signifiants énoncés par l'individu lorsqu'il parle. Que découvrons-nous, toujours selon Lacan ? Que le processus de symbolisation utilisé dans le langage humain est totalement opaque dès l'origine, de sorte que chacun des mots que nous utilisons renvoie en fait à des significations cachées. Pourquoi ? Parce que, comme précédemment exposé, les signifiants élémentaires, ceux auxquels la chaîne de tous les autres va s'ancrer, sont formés sur la base d'un refoulement originaire, de telle sorte que nous ignorons le sens profond de tout ce qui sort de notre bouche. Si l'accès au langage, à l'ordre symbolique, permet un dépassement de la relation fusionnelle initiale, l'emprise de l'imaginaire non symbolisé reste prégnante et les énoncés que le sujet produit sur la réalité ambiante et sur lui-même restent factices. En définitive, le langage échoue à fonder pleinement le sujet.

Au premier abord ces conceptions concernant le « drame du sujet dans le verbe », présentées comme un approfondissement du freudisme, paraissent être de nature à s'accorder avec celles que nous avons développées précédemment concernant l'inconscient sémantique. Mais, très vite, au-delà d'une convergence de surface, il existe des divergences majeures. Nous avons déjà exprimé nos doutes sur le concept de refoulement en général, et sur le scénario originaire qui supporte tout l'édifice lacanien en particulier. Il n'est pas établi que cette part d'inconscient constitutive de nos moi se rapporte à une racine commune, à un même malentendu initial, tel que le conçoit Lacan. Une autre pierre d'achoppement est la suivante. La conception lacanienne du fonctionnement mental, nous venons de le voir, est bâtie sur une supposée dichotomie irréductible entre deux « ordres », imaginaire *versus* symbolique. Nous récusons totalement ce point de vue. En réalité, si plutôt que de se concentrer sur le simple formalisme de productions mentales (structuralisme quand tu nous tiens...), l'on veut bien porter quelque attention à la façon dont notre cerveau génère et traite les informations pour en tirer du sens, les relations entre images et symboles linguistiques ne sont pas celles postulées. De même que nous nous sommes opposé aux théories lacaniennes sur la médiation obligatoire du langage pour accéder à la pensée consciente, la conception d'un monde imaginaire radicalement différent du monde symbolique, qui seul garantirait l'accès au sens, est fausse. La représentation sémantique, telle que nous la concevons et telle qu'elle est implémentée dans des réseaux neuronaux bien réels, est tributaire à la fois d'informations de l'ordre de l'image mentale et de représentations langagières. Sur ce point, les données du groupe de Quian Quiroga [38] précédemment exposées dans le chapitre concernant les représentations sémantiques sont déterminantes. Elles montrent que dans le cortex temporal des informations provenant d'*images d'un visage* et d'autres concernant des *symboles linguistiques* permettant de nommer cette personne *convergent sur les mêmes neurones*. Le cerveau n'établit pas de différences radicales entre images et symboles linguistiques. Et cela pour une bonne raison. Considérons la perception. Descartes croyait naïvement que les représentations visuelles qui peuplent notre esprit étaient des images fidèles du monde ambiant *préexistantes hors même notre présence*, simplement *captées* par quelques dispositifs optiques et *projetées* sur quelques portions de notre cervelle afin que l'âme puisse en prendre connaissance. Prisonniers des mêmes conceptions, tous les modernes penseurs qui fondent leurs doctrines sur une rupture radicale entre le monde des images et « l'irruption grâce au langage d'un monde symbolique » se trompent. La perception n'est pas la *capture d'une image préformée* (une fois l'âme immatérielle de Descartes hors jeu, *qui* la lirait ?), c'est la *construction* d'une représentation à partir d'indices physiques fournis par des capteurs spécialisés. Et cette image mentale ainsi produite n'est, fondamentalement, que symbole. Réfléchissez-y bien, une vibration électromagnétique dont la longueur d'onde est de 500 à 570 nanomètres, atteignant notre rétine, produit la sensation de « couleur verte ». Il n'y a aucune raison *a priori* pour que cette correspondance s'établisse. Tout ce que génère le cerveau est symbole, et depuis toujours. Ajouter des signes linguistiques et la médiation d'un code oral aux multiples représentations d'un visage qu'il a déjà construites n'est sûrement pas le plus difficile.

C'est donc dans ce cadre conceptuel plus que contestable que Gérard Pommier se propose d'éclairer les corrélats neuronaux du lacanisme. Comme nous l'avons déjà signalé, il est bien établi que les deux hémisphères traitent de façon différente l'information qui leur parvient, l'hémisphère gauche, qui est le siège du langage, produisant un découpage analytique, alors que le droit est responsable d'un traitement plus global. Ces questions seront abordées plus en détail dans le chapitre consacré à l'autisme (p. 153). Nouvel avatar d'une théorie déjà ancienne reliant latéralisation cérébrale et inconscient, Gérard Pommier nous fournit l'éclairage lacanien sur ce phénomène : « Cette relation complexe du conscient et de l'inconscient est le motif effectif de la latéralisation cérébrale. [...] Tout se passe comme si le corps devait répartir entre deux lieux le rapport contrarié entre image et signifiant [...] le pulsionnel (à droite) et sa symbolisation (à gauche) [...], le trajet allant du lobe gauche au lobe droit correspond au refoulement du pulsionnel par la parole[39]. » Comme précédemment évoqué, il fut un temps où en présence de crises d'épilepsie incontrôlables les neurochirurgiens sectionnaient les commissures permettant aux deux hémisphères de communiquer, produisant des sujets *split brain* dont les hémisphères étaient découplés. Voici l'explication proposée quant à la présence de certaines crises d'épilepsie ayant motivé cette opération chez ces patients : « La perception "réalise" brusquement le symbole, et ce dernier met en équivalence synchrone la pulsion et le signifiant. La décharge hypersynchrone d'assemblées de neurones habituellement déphasés engendre une perte de conscience, comme lorsqu'il existe une cause organique. [...] le même résultat [la crise d'épilepsie] se produit aussi à la suite d'une surchauffe psychique, lorsque la différence de potentiel entre le désir et sa réalisation s'abolit[40]. »

Laissons Gérard Pommier poursuivre sa démonstration. Puisque l'hégémonie du symbole linguistique s'étend aussi au somatique, puisque le corps lui aussi parle le langage de l'inconscient, il postule l'existence d'un « corps psychique » dont la représentation neuronale double celle des aires corticales sensori-motrices traditionnellement décrites : « La doublure des aires sensori-motrices par une aire psychique trouve sa meilleure preuve dans la formation immédiate d'un symptôme organique chaque fois qu'un problème psychique ne trouve pas de solution dans l'action (au moins verbale) et régresse sur le corps. Ce corps psychique où le symbole s'épanouit est donc localisé au niveau du cortex sensori-moteur lui-même. [...] Les homoncules des aires sensitives et motrices ne se distinguent pas du corps psychique tapi dans les mêmes dimensions. » Coexistence, mais pas d'ambiguïté sur l'identité du patron : de façon générale, « le corps psychique précède et modèle l'organisme[41] ». Ainsi, « l'homoncule cortical présente d'énormes lèvres, surface qui n'est pas proportionnelle à l'innervation labiale, mais à l'immensité de la demande maternelle[42] ». Le corps psychique est le lieu de la pulsion, mais, lorsque le processus de symbolisation est à l'œuvre, celle-ci, comme Lacan l'a établi, « n'est autre que l'écho d'une parole dans le corps ». Ainsi, lorsqu'un sujet amputé d'un membre éprouve une douleur persistante au niveau de celui-ci, phénomène connu sous le nom de douleur du membre fantôme, c'est que la pulsion survit et ne parvient pas à faire le deuil du membre amputé. En effet, « la logique du psychisme et celle de ses vassaux organiques », bien que provenant d'un traitement de l'information dans les mêmes aires corticales, si nous avons bien compris ce qui précède, parfois divergent. Alors, « l'organisme forme des symptômes à la mesure de sa résistance aux injonctions du corps psychique[43] ». Notons au passage que si le même phénomène douloureux n'est pas retrouvé après ablation d'un sein, si aucun sein fantôme ne fait valoir ses droits, c'est « parce que le sein a une valeur pulsionnelle pour l'enfant, mais il en est dépourvu pour la mère[44] ». Disons-le tout net, bien que parlant d'assemblées de neurones, d'aires corticales, tout ceci n'a aucun sens pour un neurobiologiste. La science ne se nourrit pas de métaphores. À lire ce qui précède, on a plutôt la pénible impression d'assister à la juxtaposition de deux univers conceptuels absolument disjoints.

Mais les choses ne s'arrêtent pas là. Le pouvoir du symbole linguistique est tel qu'il remodèle d'un coup le cerveau, et « provoque une rupture dans la chaîne de l'évolution[45] ». Comment comprendre en effet ce paragraphe qui fait sursauter tout biologiste : « L'accroissement de poids de la matière grise [chez l'homme comparé aux singes] est une conséquence plutôt qu'une cause. Un supplément de matériel neuronique a été nécessité par un changement brusque du système d'information. Car il n'y a pas de transition entre un système d'information où le signe dénote une chose, et un système linguistique où le mot se définit par un autre mot avant de dénoter quelque chose[46] » ? Bref, la fonction crée l'organe, quand l'ordre symbolique prend les commandes, le somatique n'a qu'à s'exécuter. N'est-il pas plus raisonnable de considérer, à l'inverse et comme on le fait depuis Darwin, que l'accroissement de la masse cérébrale, fruit de mutations génétiques aléatoires a ensuite été sélectionnée car elle offrait effectivement de nouvelles possibilités avantageuses de traitement de l'information.

Non, vraiment, la tentative de réconcilier l'univers lacanien avec le monde des sciences tourne au naufrage.

En succombant au mirage d'une autonomie complète du signifiant par rapport au signifié, on produit certes une pensée qui s'alimente de glissements métaphoriques débridés, mais qui ne peut se coupler à une analyse rationnelle, basée sur des concepts forgés à l'épreuve de l'expérience. Autant l'hypothèse précédemment évoquée selon laquelle des représentations sémantiques peuvent être infiltrées de sens non directement accessibles à la conscience mérite d'être investiguée, autant cette autonomie du « signifiant » ainsi que cette distinction radicale entre l'imaginaire et « l'ordre symbolique » qui fondent le lacanisme n'ont pas lieu d'être pour qui se réfère au fonctionnement effectif du cerveau réel.

À *propos d'un cas*

Après les considérations théoriques qui ont précédé, il n'est pas inutile de voir comment ces différences de vues concernant la psychose/schizophrénie se traduisent dans la pratique. Pour illustrer ce point, voici donc maintenant une histoire, celle précisément d'un sujet qui bascule dans la folie, un cas clinique, comme on dit.

Il y a bien longtemps de cela, jeune psychiatre hospitalier, je vois un jour arriver à ma consultation un père accompagné de son fils, un grand dadais de 24 ans, un peu gauche, vivant à la maison, et qui travaille avec ledit père, artisan peintre. Seulement voilà, depuis quelque temps, le fiston, « il est bizarre », il ne se concentre plus sur son travail, il rêvasse, il s'isole, parfois il parle tout seul et on ne comprend pas ce qu'il a en tête. Mis à part cela, jusqu'à présent il n'a posé aucun problème, c'est le second de la fratrie, ses frères sont à présent mariés, enfance normale, scolarité niveau CAP, service militaire RAS. Je le vois donc. Au début réticent – « Qu'est-ce que voulez que je vous dise ?... cela ne vous regarde pas... » –, il s'ouvre peu à peu. Il me parle de ses intérêts, les bagnoles qu'il bricole avec son frère, le cyclisme auquel il s'adonne. Des copains ? « Non, je suis assez timide. J'aime pas la foule. » On nage dans l'anodin. Sauf que certains signes notés au cours de ces entretiens sont suffisamment inquiétants pour m'inciter à le revoir régulièrement. Par moments, il s'arrête brusquement au milieu d'une phrase, fixe intensément un point indéfini sur le mur derrière moi, comme rétracté dans son monde intérieur. À l'église (il est croyant et va régulièrement à la messe), il a l'impression que le curé parle de lui dans ses sermons. Cela l'inquiète. La télé aussi lui envoie des messages codés qu'il est le seul à déchiffrer. Les oiseaux lui répondent selon leurs cris : les moineaux, c'est bien, les corbeaux, c'est mal. Le monde lui paraît étrange : pourquoi les gens sont tous habillés en bleu, pourquoi une voiture rouge est-elle garée dans la cour ? Il pense qu'on cherche à l'empoisonner et se méfie beaucoup de la nourriture. Dans la rue, il est suivi par les nazis, il en a vu qui faisaient le salut hitlérien.

Parfois, quand cela va mal, il vient se réfugier quelques jours à l'hôpital. Il reste perplexe quant à ses interprétations et parvient à critiquer ce qu'il appelle « son délire ». « Cela vient doucement par des suppositions, je me concentre là-dessus, quand je suis occupé je n'y pense pas trop, c'est bizarre que ça revienne comme cela ces idées-là, comment peut-on se mettre des idées pareilles dans la tête ? »

Je le vois ainsi tous les samedis matin pendant plusieurs mois, il me raconte sa semaine. On en vient à sa vie sentimentale. Il est fiancé avec une fille qu'il a rencontrée en boîte et qui habite non loin de chez lui. « J'ai tout de suite su que cela allait être ma femme… on va se marier, c'est important d'avoir une femme… » Ont-ils déjà couché ensemble ? « Non, c'est pas une pute… coucher, c'est après le mariage… le plus important, c'est la fidélité… on s'est juré qu'on sera fidèles… » Un samedi il ne vient pas. Quelques jours après, je le retrouve interné dans le service. Il a été rapatrié de Bruxelles où il s'était rendu au siège de l'OTAN pour prévenir de la destruction imminente de la planète. Je le vois en grand état d'exaltation. De ses déclarations confuses, je retiens qu'il est travaillé par des ondes, des rayons laser, on veut le détruire parce qu'il a révélé le complot. « Je suis perdu maintenant que j'ai parlé, il se passe quelque chose, ils sont tous dans le coup : les Allemands, les Espagnols, la CIA, j'ai essayé de rencontrer les agents secrets de la CEE. » On veut l'empoisonner. Qui ? Les services secrets. Pourquoi ? « Vous savez bien… » (*sourire entendu*).

Les parents très inquiets viennent me voir. Je leur demande s'ils ont mis la fiancée au courant. Stupeur. Quelle fiancée ? Il n'a jamais eu de fiancée. Il ne fréquente pas. Il y a bien eu cette jeune fille qui habite un peu plus loin et qui est venue se plaindre la semaine dernière en disant que notre fils restait planté des heures devant chez elle, qu'il la suivait dans la rue, que si cela continuait elle allait porter plainte. Fin du premier acte.

La suite est hélas terriblement classique. D'abord une période de quelques semaines marquées par l'intensité des hallucinations, du délire, des sensations de morcellement corporel. Un matin, sa chambre est vide. On le cherche. On finit par le retrouver dans les douches, en position fœtale, un casque de moto trouvé quelque part sur la tête, incapable de verbaliser quoi que ce soit, visiblement terrorisé. Un autre jour il me déclare : « Tout cela est relié à l'affaire de la fille... j'ai perdu la tête en étant amoureux de cette fille... C'est nul ce que je vous dis là... »

Ensuite, peu à peu, les neuroleptiques aidant, la situation se calme, si l'on peut dire. Il n'exprime plus d'idées délirantes. Plus d'idées du tout. Il reste des heures les yeux dans le vague sur le fauteuil où il s'est assis le matin à contempler le gris du mur.

Aux parents fort ébranlés, je propose un soutien psychologique. Nous avions à cette époque dans le service un psychologue d'obédience lacanienne. Il voit donc le couple, renvoie rapidement le père à ses pots de peinture et concentre son intérêt sur la mère. Et, bien sûr, ce qui devait se produire se produit. Il projette illico sa grille de lecture préformatée sur ce cas d'école. Celle par qui le scandale arrive, celle qui, manifestement a induit la forclusion du nom du père chez son fils est priée de s'interroger sur sa relation incestueuse (symboliquement bien sûr... que croyez-vous ?) avec son enfant. On l'invite à travailler sur sa propre enfance, sur sa relation avec ses propres parents, pathologique... forcément pathologique. Au bout de quelques séances de cet acabit, la mère interrompt la « prise en charge ». Ce qui bien sûr témoigne de l'intensité de ses résistances inconscientes et du bien-fondé de l'interprétation lacanienne. CQFD. Revoyant cette femme quelques mois plus tard, elle résume de son côté cet épisode ainsi : « J'étais venue pour qu'on m'aide à comprendre les problèmes de mon fils, j'ai vite eu l'impression que pour ce monsieur c'était moi le problème… » J'interroge de nouveau le couple sur l'histoire de cet enfant. Je résume : y a-t-il eu des faits notables ? Quelque traumatisme particulier ? Non, rien de marquant. Son caractère ? Il a toujours été solitaire. Le couple ? Cela va bien. Et elle, comment l'a-t-elle investi ? Que représentait-il pour elle ? C'est le second de trois fils. « Des gamins, vous pensez, j'en ai eu trois, je les ai élevés pareils, je n'ai jamais fait de différence… » Est-elle une mère possessive ? Je recherche des faits patents témoignant d'un attachement excessif. En vain. Le père ? « Mon fils l'adore, il était aux anges quand il l'a pris pour travailler avec lui… » Son mari confirme. Allons bon… Quelle naïveté, me dit alors notre lacanien. En procédant ainsi, vous n'avez qu'effleuré la surface des choses, la vérité du sujet ne peut être mise au jour que dans le cadre d'une analyse en bonne et due forme : mécanismes de défense, résistance, conflits psychiques, épisodes régressifs, etc. Ainsi, cette femme aurait imposé à son fils une relation fusionnelle mortifère sans s'en rendre compte (admettons), mais aussi sans que cela se traduise par quelques faits tangibles, palpables… un forfait symbolique seulement identifiable au niveau de traces inconscientes dûment interprétées par un analyste accrédité. Qui peut avaler cela ?

Il y a quelque temps, de passage dans mon ancien service, j'ai revu, vingt ans après, ce patient, identique à lui-même. Malgré psychothérapies, musicothérapie, ergothérapie, malgré les innombrables tentatives de sortie, d'appartement thérapeutique, de réinsertion en milieu protégé, d'hôpitaux de jour, il n'a plus jamais quitté l'hôpital. Assis dans un couloir, il fixe avec obstination le même mur, le même vide. Quand on lui demande à quoi il pense, il répond : « À rien. »

J'ai souvent réfléchi à la trajectoire de ce garçon, foudroyé en vol. À ce qui avait pu produire un tel désastre. Sur le plan des ressorts psychologiques en cause, cela paraît plutôt limpide. Il vivait dans un univers où primait l'indistinction entre ses désirs fantasmés et la réalité. Voilà qu'avec le passage à l'état adulte le désir d'« avoir une femme » s'impose. Au premier abord, tout est corseté de sens, de certitudes bien rigides : mariage, fidélité, du solide quoi... Mais l'essentiel manquait ; quand brusquement le monde réel fait irruption dans cet univers fantasmé (la fille qui vient menacer de porter plainte, dénonçant au grand jour l'imposture dans laquelle il vit), alors tout explose. Le monde entier est immédiatement menacé de destruction (l'OTAN...) et lui est pulvérisé. Puis le néant. L'interminable plongée dans un non-monde, vide de pensées, de sens, de désirs. Nul besoin d'être diplômé en lacanisme supérieur pour établir ce constat. Mais quelle est la cause de cette indistinction fatale, de cette faille dans la construction du moi ? Est-ce la mère qui l'aurait induite de par ses attitudes (lesquelles ?), par une tendance à gommer tout tiers paternel dans une hypothétique relation fusionnelle avec son fils ? Pas la moindre preuve en faveur de ce scénario. Ou est-ce le cerveau de ce garçon qui a été incapable d'interpréter correctement des signaux émotionnels, somme toute probablement sans particularité notable, émis par son entourage ?

CHAPITRE 5

La question de l'autisme

Aborder ici la question de l'autisme peut sembler paradoxal tant il est vrai que Freud n'a jamais rien publié sur ce sujet. Toutefois, ses successeurs se sont largement aventurés sur ce terrain en utilisant des concepts freudiens, ce qui justifie que l'on s'y arrête. Les syndromes autistiques n'ont été décrits qu'au cours des années 1940 par Leo Kanner et Hans Asperger, deux psychiatres étrangers à la mouvance psychanalytique. L'autisme de Kanner est une maladie très grave qui se diagnostique dès les premiers mois de vie. Dans les cas les plus sévères, on retrouve des bébés qui refusent le sein, qui ne gazouillent pas, ne sourient pas, ne tendent pas les bras, fuient le regard et les sollicitations de leur mère. Un trouble majeur de la communication, donc. Plus tard, ces enfants n'accèdent pas ou que très partiellement au langage, ils présentent une hypersensibilité aux stimuli sensoriels et ont souvent horreur du contact physique, qui peut déclencher des crises d'agitation intense allant parfois jusqu'à l'automutilation. Ils s'adonnent à des activités stéréotypées (balancements, battements des mains...). Bien sûr toute scolarité normale est impossible et ces enfants sont généralement placés dans des instituts spécialisés ou fréquentent les hôpitaux psychiatriques. Cette forme d'autisme infantile, relativement rare, était la seule répertoriée jusqu'au début des années 1980. À cette date, la redécouverte des travaux tombés dans l'oubli d'un autre psychiatre, Hans Asperger, a permis d'attirer l'attention sur un autre syndrome qui se situe à l'extrémité opposée du spectre en termes de gravité. Il s'agit cette fois d'enfants qui accèdent pleinement au langage, effectuent un parcours scolaire subnormal, montrent parfois des capacités intellectuelles au-dessus de la norme, même si leur insertion professionnelle et sociale ultérieure reste problématique du fait de leurs difficultés de communication. De fait, on note chez eux des difficultés à exprimer leurs émotions et à comprendre les codes sociaux, qui conduisent à une certaine exclusion. Leur comportement est marqué par l'adhésion stricte à des routines, ils recherchent des situations ritualisées et supportent mal le changement. Ils focalisent souvent leur intérêt sur des questions restreintes auxquelles ils accordent une attention démesurée. Leur langage comporte des particularités : compréhension des mots au premier degré, difficulté avec les métaphores, les proverbes, l'humour, usage stéréotypé et répétitif d'éléments de phrases, à l'oral ton atone et troubles du rythme des phrases.

Entre ces deux syndromes extrêmes, on note tout un dégradé de tableaux de gravités intermédiaires, qui ont conduit à la notion actuelle de « troubles du spectre autistique » (TSA), un continuum de pathologies caractérisé par des troubles de la communication et du comportement, pouvant s'accompagner ou non de déficience intellectuelle. Une des conséquences de cette catégorisation souple est qu'elle a fait exploser la fréquence estimée de la pathologie. D'une maladie rare et grave telle qu'elle était conçue avant les années 1980, nous sommes passés à un ensemble de troubles d'intensité variable, extrêmement fréquents, puisque certaines estimations font état d'une personne sur cent concernée. Vouloir ainsi réunir sous un chapeau unique une collection de syndromes à partir de leur plus petit dénominateur commun (déficit de la communication et des interactions sociales d'une part, caractère restreint et répétitif des comportements, des intérêts ou des activités, d'autre part) a suscité et suscite toujours des débats. En fait, en l'absence de marqueurs biologiques montrant une étiologie partagée entre ces syndromes nous n'avons actuellement aucune preuve objective de la pertinence de cette construction, même si, nous le verrons, la génétique apporte quelques éléments en faveur de la validité du concept. Lorsqu'il sera question de l'autisme ci-dessous, c'est à ce cadre large des TSA auquel on se référera, puisque les sujets inclus dans les études citées l'ont été très majoritairement sous cette rubrique.

L'autisme comme extension du champ de la psychose

C'est donc la compréhension de ces troubles polymorphes que des analystes se réclamant de Freud ont voulu éclairer de leurs lumières, prétendant de surcroît offrir des modalités de « prise en charge » permettant de rétablir un contact avec les enfants les plus affectés. Françoise Dolto, connue pour l'infatigable énergie dont elle a fait preuve sa vie durant pour vulgariser le sabir lacanien et promouvoir les thèses analytiques auprès des milieux de la pédopsychiatrie, définit l'autisme comme « une extension maximale de la psychose ». Du chapitre précédent nous avons retenu que la psychose résulte de la non-formation au cours du développement de l'enfant de certaines représentations ayant trait à la distinction du moi d'avec la réalité extérieure. Appliquée à des enfants présentant des autismes gravissimes, confrontés à ce trou noir d'où ne sort ni ne pénètre pratiquement aucun signal, il faut effectivement imaginer un processus radical aboutissant à un monde mental réduit à une peau de chagrin, totalement vide de sens, où seule subsiste la prise de conscience de quelques sensations corporelles élémentaires autour desquelles la vie d'un autiste profond se polarise. Chez des sujets Asperger, une restriction de l'accès au sens, quoique plus circonscrite, est également patente. Voilà des sujets qui ne parviennent pas à attribuer des intentions aux autres, qui déchiffrent mal les émotions, que tout changement dans un environnement ritualisé perturbe, qui ne font qu'une utilisation littérale du sens des mots. De toute évidence, une série de représentations porteuses de sens fait défaut. Jusque-là nous pouvons adhérer à cette conception. Mais la suite se gâte vite. Quelle est la cause de ces troubles ? Françoise Dolto balaie la question d'un trait de plume : « L'autisme en fait, cela n'existe pas à la naissance. Il est fabriqué. C'est un processus réactionnel d'adaptation à une épreuve touchant l'identité de l'enfant [...]. Pour moi ce sont des enfants précoces à qui on ne parle pas de ce qui les concerne.

Ça peut se passer dans les premiers jours, à la maternité, quand on ne parle pas à l'enfant, par exemple, de l'angoisse de sa mère à accoucher d'un enfant sans père, ou qu'elle ne lui dit pas que sa famille ne voudra pas de lui, ou qu'elle voulait une fille et que c'est un garçon, ou qu'elle a tel ou tel souci majeur étranger à lui qui l'obsède [1]. » Variation mineure et grand public sur le thème de la mère fabriquant l'autisme, cette fois par simple omission « de parler à l'enfant de ce qui le concerne ». Voici maintenant la version *hard*, pour analyste confirmé. Puisque l'autisme ne résulte pas d'un défaut biologique, mais d'un défaut d'interactions de l'enfant avec son milieu, il faut, vu l'apparition très rapide des troubles, considérer que ce défaut est massif, structurel et très précoce. Quel est donc l'agent responsable ? Allons, allons, un effort… Voilà donc ressurgie la *mère toxique*, une extension maximale d'un concept ayant fait ses preuves en quelque sorte… En termes lacanoïdes simplifiés, l'enfant se substitue au phallus détenu par le père dans le fantasme maternel. Il vient combler ce manque, le prix à payer étant le maintien dans une relation fusionnelle et l'impossibilité pour l'enfant à rentrer dans l'ordre symbolique.

La mise en cause des parents dans l'apparition de l'autisme est certes un thème récurrent depuis la publication initiale de Kanner, lequel, bien que soutenant que l'autisme infantile résultait d'une « incapacité innée à établir le contact affectif », décrivait des parents « froids, obsessionnels, montrant un type d'attention limité aux besoins matériels [2] ». Bruno Bettelheim, laissant ouverte la question des facteurs héréditaires (« Il est possible que nous apprenions ultérieurement qu'un facteur organique est une condition nécessaire à l'autisme ») écrivait, lui : « Je soutiens que le facteur qui précipite l'enfant dans l'autisme infantile est le désir de ses parents qu'il n'existe pas[3] » et préconisait en conséquence la séparation de l'enfant autiste d'avec son milieu familial. Bettelheim n'adhère pas au simple « spectre de la mère rejetante ». Pour lui, il faut que l'enfant, à des périodes critiques de son développement, soit confronté à des « situations extrêmes » bien plus radicales, qu'il compare sans sourciller à celles d'anéantissement sans espoir vécues par les détenus des camps de concentration, pour qu'il abandonne la parole et l'impulsion à agir et se réfugie dans l'autisme. De nouveau, la mise en cause de la mère dans ce processus tient une place centrale : « Si les intentions de l'enfant sont correctement interprétées, souvent à partir d'une action liminaire, la mère répondra d'une manière appropriée. Si elles sont mal interprétées – à cause de l'asservissement de la mère à ses propres besoins et désirs –, le développement de l'enfant en souffrira[4]. » Ce qui ne l'empêche pas de conclure de façon assez surprenante vu ce qui précède que « ce n'est pas l'attitude maternelle qui produit l'autisme, mais la réaction spontanée de l'enfant à cette attitude ». Il en résulte une théorie alambiquée de la culpabilité maternelle, selon laquelle ce sont les réactions défensives inappropriées de la mère face à des comportements autistique épisodiques de son enfant qui confortent ceux-ci et les transforment en « maladie autistique chronique ».

Alors qu'en est-il du rôle des mères dans l'étiologie de l'autisme ? Quiconque a côtoyé des parents d'enfants autistes a surtout été mis en présence de personnes déstabilisées, désorientées et inquiètes face au devenir de leur progéniture.

Oui, occasionnellement, des mères froides ou, au contraire, envahissantes peuvent se rencontrer, mais ce n'est absolument pas la règle et dans ce cas comment interpréter ces attitudes ? Ne peut-il s'agir là d'une réaction devant le désarroi causé par l'absence de contact avec cet enfant ? Comment affirmer que rejet ou surprotection, quand ils existent, sont la *cause* et non la conséquence de l'état de l'enfant ? Pourquoi en outre de tels comportements favoriseraient-ils spécifiquement l'autisme ? Pourquoi s'acharner à chercher toujours quelque chose de « pathologique » dans l'attitude de la mère ? Pourquoi ignorer avec une désinvolture stupéfiante tout fait qui pourrait aller à l'encontre de ce jugement *a priori* ? Il est consternant que par refus idéologique d'inscrire les symptômes de l'autisme dans le cadre de dysfonctionnements cérébraux, au profit d'explications purement psychogènes, les milieux analytiques s'obstinent à mettre en avant des « causes » qui n'en sont pas. Il est encore plus consternant qu'en France ils aient réussi à entraîner dans cette barque une fraction significative des pédopsychiatres.

Autisme et facteurs génétiques

Voyons maintenant ce que la science a à dire sur le sujet. Commençons par la génétique, domaine dans lequel une véritable percée a été obtenue ces dernières années. Il existe une récurrence familiale modérée de l'autisme, mais la proportion de cas retrouvée dans les différentes classes d'apparentés de cas index n'est pas compatible avec un modèle simple impliquant dans ces familles la transmission d'une altération génétique seule responsable de l'autisme. Pourtant, les études de jumeaux menées chez les autistes montrent un excès de concordance pour le diagnostic dans les paires monozygotes génétiquement identiques (80 %) comparées aux paires dizygotes (18 %). Ces chiffres proviennent de l'analyse conjointe des données de plusieurs études généralement anciennes qui chacune, en fonction de critères d'inclusion différents, fournissent des estimations différentes. Toutefois, dans toutes ces études, le différentiel important entre monozygotes et dizygotes est retrouvé. On remarquera cependant que la concordance pour les monozygotes, loin d'être parfaite, n'est que partielle. Tout cela suggère que, si la part de la génétique dans le déterminisme de l'autisme est bien réelle, nous avons affaire pour l'essentiel à des *facteurs de risque génétique* et non à des gènes causaux, ce qui laisse une part de ce déterminisme sous l'influence de facteurs de milieu. Nous sommes donc en présence d'une situation similaire à celle déjà rencontrée dans la schizophrénie.

Contrairement à ce qui s'est produit dans la schizophrénie, la recherche de facteurs de risque fréquents de faible impact n'a pas encore été conduite à très grande échelle et n'a permis qu'une faible moisson à ce jour[5]. Par contre, la recherche de facteurs de risque rares de fort impact a donné des résultats remarquables. Elle s'est appuyée sur deux approches. D'une part, considérant qu'une proportion importante des enfants autistes (de l'ordre du tiers environ) présente une déficience intellectuelle et sachant que de très nombreux gènes ont été impliqués dans ce cadre, des altérations de ces gènes ont été systématiquement recherchées chez des autistes avec déficience intellectuelle. Ces études ont effectivement mis en évidence dans cette population des variations considérées comme pathogènes sur bon nombre de gènes causant des syndromes plus ou moins spécifiques « de déficience intellectuelle ».

La seconde approche est plus novatrice ; son principe est le suivant : les variations génétiques présentes chez un enfant sont en principe transmises par les parents. Toutes ? Non. Chacun de nous, on l'a vu, porte dans ses gènes environ 20 000 variations par rapport à la séquence de référence de notre espèce. On sait maintenant qu'en moyenne *une* sur ces 20 000 variations n'est pas présente dans l'ADN des parents, mais qu'elle est apparue suite à une mutation survenue dans leurs gamètes. Ce sont plutôt les spermatozoïdes des pères âgés qui sont sujets à ces mutations dites *de novo* (qui apparaissent pour la première fois, sans antécédent), lesquelles peuvent frapper n'importe quel gène, avec une probabilité toutefois légèrement différente en fonction de divers paramètres, dont la taille du gène (plus il est grand, plus il est vulnérable)[6]. En pratique, lorsqu'on conduit ces études on se concentre sur une classe particulière de mutations dont l'effet délétère prédit est maximum, puisqu'elles conduisent à une perte de fonction des protéines produites. On peut précisément calculer pour chaque gène la probabilité d'être touché par ce type d'événement et, dans un groupe de patients, déterminer si certains gènes *accumulent plus de mutations perte de fonction* de novo *que prévu*, auquel cas la présence de ce type de mutation sur ces gènes est associée à un risque pour la maladie en question. Grâce à un très important effort de recherche largement appuyé par les associations de parents aux États-Unis, plus de 6 000 trios (l'enfant autiste plus ses deux parents) ont ainsi vu leur ADN séquencé entre 2014 et 2017, et ce travail a permis l'identification d'une centaine de gènes ayant accumulé des mutations pathogènes *de novo* chez les enfants[7]. Notons au passage que ces mutations *de novo* sont retrouvées chez des *cas isolés* et non dans des formes familiales, qui traditionnellement étaient l'objet des études génétiques. Ces découvertes permettent de fournir une réponse à une vieille question jusqu'à présent irrésolue : si des facteurs génétiques de fort impact favorisant l'autisme existent, comment peuvent-ils se maintenir dans les populations, sachant que les autistes se reproduisent beaucoup moins que la moyenne, avaient objecté certains. Ce paradoxe trouve aujourd'hui sa résolution : le stock de variations génétiques conférant un risque est sans arrêt renouvelé au niveau des populations du fait de nouvelles mutations, et les gènes sont impliqués dans le déterminisme de la maladie même chez des cas isolés, sans histoire familiale préalable.

Les analyses les plus récentes utilisent des méthodologies de plus en plus sophistiquées qui évaluent à la fois le rôle des mutations transmises et *de novo* et prennent en compte conjointement les variations du nombre de copies et les variations exoniques au sein de populations de plus en plus importantes, ce qui mène à l'identification sans cesse croissante de nouveaux facteurs de risque rares[8].

Nous avons en 2020 conduit une étude sur 250 enfants adressés selon des recommandations de la Haute Autorité de santé à notre consultation de génétique après qu'un diagnostic d'autisme ou d'Asperger eut été posé[9]. En analysant un panel de 250 gènes, considérés en fonction de critères stricts comme facteurs de risque certains ou probables, nous avons retrouvé des variations classées comme pathogènes chez 20 % de ces enfants (30 % dans le sous-groupe avec déficience intellectuelle). Comme attendu, l'analyse de l'ADN parental a montré qu'en majorité ces variations correspondaient à des mutations *de novo*. D'autres groupes ont également publié des chiffres un peu plus faibles. Il faut souligner que tous ces chiffres constituent des sous-estimations. De très nombreuses variations affectant ces gènes, dont la pathogénicité ne peut actuellement être établie avec suffisamment de certitude, restent classées comme étant de signification inconnue, et la liste même des gènes incriminés est appelée à augmenter au fur et à mesure que les études de trios vont s'accroître. Au total, nous sommes passés en quelques années, grâce à l'emploi de technologies et de stratégies adaptées, à un taux de détection proche de zéro à un taux compris entre 15 à 20 % pour les variations génétiques conférant un risque pour les troubles du spectre autistique.

Un certain nombre d'enseignements peuvent être tirés de cette masse de données. Sur la fonction des gènes impliqués tout d'abord. Ces gènes codent l'information destinée à produire deux grands groupes de protéines : des protéines responsables de la mise en action des programmes génétiques permettant le développement cérébral d'une part, des protéines impliquées dans le fonctionnement des synapses d'autre part. Les facteurs de susceptibilité à la schizophrénie touchent également ces deux catégories de protéines. D'où une première question : les facteurs génétiques prédisposant à l'autisme, d'une part, et à la schizophrénie, d'autre part, sont-ils les mêmes ? Il est actuellement difficile de répondre précisément à cette question. Comme on l'a vu, et pour des raisons purement conjoncturelles, l'intérêt des chercheurs dans la schizophrénie s'est jusqu'à présent surtout concentré sur les variants fréquents de faible impact, alors que dans l'autisme ce sont les variants rares de fort impact qui ont été préférentiellement étudiés. Dans ces conditions, faute d'une vision exhaustive de l'architecture génétique de ces deux maladies, on ne peut encore conclure avec certitude. Seul point acquis, l'étude extensive d'une classe particulière de variations rares, les variations du nombre de copies dont il a été question précédemment, a montré que certaines d'entre elles constituaient effectivement un facteur de risque à la fois pour la schizophrénie et pour l'autisme. Plus récemment, l'étude des gènes affectés par des variations rares a également commencé à apporter des renseignements utiles en montrant que seul un sous-ensemble de gènes associés à l'autisme croise avec ceux identifiés à ce jour dans la schizophrénie, tandis qu'un autre sous-groupe, apparemment exprimé plus précocement au cours du développement, croise avec les gènes identifiés dans la déficience intellectuelle [10].

Une des grandes questions restant à résoudre concerne donc la variété des présentations auxquelles les altérations d'un même gène peuvent être associées. Prenons un exemple : dans l'autisme, le gène *CHD8* a émergé comme l'un des plus fréquemment touchés par des mutations conduisant à la perte de fonction de la protéine pour laquelle il code [11]. Dans notre étude, nous avons retrouvé des altérations de ce type sur ce gène chez trois enfants, deux étaient des mutations *de novo* et la troisième était transmise. La protéine pour laquelle ce gène code est un facteur régulant l'expression de toute une cascade d'autres gènes au cours de la période embryonnaire de production des neurones. La perte de fonction de *CHD8* chez l'homme comme chez l'animal provoque une hypertrophie du crâne (macrocéphalie)*.

Deux de ces enfants avaient reçu un diagnostic d'Asperger, le troisième d'autisme avec déficience intellectuelle. Dans le cas où la mutation était transmise, le parent porteur menait une vie sociale normale, bien que des particularités cognitives subtiles ne puissent être écartées. Comme son enfant présentant un autisme sévère avec retard mental, il était porteur d'une macrocéphalie. Comment expliquer une telle diversité clinique, allant du fonctionnement normal ou subnormal à l'autisme grave en passant par le syndrome d'Asperger ? Deux réponses – non mutuellement exclusives – sont possibles : l'effet d'autres gènes appelés modificateurs ou/et l'effet de facteurs de milieux.

Les facteurs de milieu et l'épigénétique

Cela nous amène à une nouvelle interrogation : quels facteurs de milieux incriminer dans le déterminisme de la maladie ? Des facteurs divers, tels que l'exposition à des infec-

* Chez environ 80 % des enfants porteurs de ces mutations, on note également… une constipation opiniâtre. Que les adeptes du symbolisme corporel débridé refrènent leurs interprétations sauvages. Cette dernière provient d'une colonisation déficiente de la paroi intestinale par les neurones entériques, qui est responsable d'une motilité réduite. Eh oui, la déficience d'un même gène exprimé dans les neurones peut induire de multiples conséquences néfastes dans différents tissus…

tions virales ou à divers médicaments au cours de la grossesse, des déficiences nutritionnelles ou un diabète gestationnel, la prématurité, le microbiote intestinal, etc., ont été invoqués avec des arguments plus ou moins convaincants. La question que je voudrais développer ici est la suivante : y a-t-il des arguments pour considérer que des facteurs psychogènes puissent également intervenir ? Dans ce cadre, on a beaucoup parlé ces temps-ci de l'épigénétique.

L'épigénétique consiste en l'apposition de marques chimiques sur la molécule d'ADN sous l'action du milieu dans lequel l'individu vit, marques qui sont susceptibles d'influer la vie durant sur l'expression des gènes impactés (gènes cibles). Selon le moment où elles auront été apposées, ces marques peuvent concerner toutes les cellules de l'organisme ou diverses populations cellulaires plus ciblées. En principe, à la génération suivante, la plupart d'entre elles sont effacées très précocement au niveau de l'embryon et donc les compteurs sont globalement remis à zéro avant qu'une reprogrammation par de nouvelles marques ne se produise[12].

Ces marques sont formées et entretenues sous l'action de toute une machinerie de protéines elles-mêmes codées par des gènes, dont plusieurs figurent dans notre liste des facteurs de risque génétique pour l'autisme. Si ces gènes portent des variants qui les conduisent à dysfonctionner, le profil des marques apposées sur les gènes cibles sera altéré, l'expression de ces gènes sera dérégulée, mais pour ce qui est de la cause première des modifications épigénétiques observées nous restons là dans le domaine strict de la génétique, puisque c'est l'atteinte des gènes de la machinerie épigénétique qui est à l'origine du problème. Au-delà, certains ont spéculé que, même en l'absence de variants pathogènes sur les gènes de cette machinerie, l'apposition de marques anormales sur des gènes cibles pourrait se produire chez certains autistes. Dans ce cas, on observerait une dérégulation de ces gènes cibles sous la pure action de facteurs de milieu (éventuellement psychogènes). C'est ce dernier aspect de la question qui nous intéresse particulièrement. Pour examiner cette hypothèse nous devons progresser pas à pas.

Tout d'abord afin d'étudier le rôle de facteurs *psychogènes* dans l'apposition de marques épigénétiques cérébrales, des modèles animaux ont été développés. Nous allons décrire ces modèles, mais il importe de souligner d'emblée qu'ils ne prétendent en aucun cas être des « modèles d'autisme ». En 2004, Ian Weaver et un groupe de chercheurs de l'Université de Montréal[13] ont publié les premières observations concernant deux groupes de rats, les uns élevés par des mères attentionnées apportant beaucoup de soins à leur progéniture, et les seconds délaissés. Ils rapportent que la progéniture des mères non attentionnées montrait une anxiété et une réponse au stress accrue, cet état se maintenant tout au long de leur vie et étant corrélé à des différences notables dans le profil de méthylation (une marque épigénétique) de nombreux gènes exprimés dans le cerveau. Plusieurs de ces gènes ainsi dérégulés étaient normalement impliqués dans la réponse neuroendocrinenne au stress.

Puis, en 2010, Isabelle Mansuy, à l'Université de Zurich, a décrit un modèle dit *Early Life Stress*, dans lequel des souris étaient soumises au cours des premiers jours de leur vie, et de manière non prédictible, à des épisodes de séparation d'avec leur mère[14]. Elle montre que ces souris développaient un « état dépressif chronique » associé lui aussi à des modifications épigénétiques cérébrales stables. Dans ce modèle, les effets comportementaux et biochimiques observés affectaient plusieurs générations successives, *alors même que le stress initial n'était pas reproduit au niveau de ces nouvelles générations*. Il s'agit là de l'hérédité d'un caractère acquis ; nous sommes en plein lamarckisme et évidemment ces expériences ont fait couler beaucoup d'encre. En effet, en théorie, les marques épigénétiques imprimées dans le tissu cérébral à la suite d'expériences traumatisantes ne sont pas censées atteindre les gamètes et, à supposer qu'elles y parviennent, elles sont normalement effacées au niveau de la génération suivante. Nous ne discuterons pas plus avant les mécanismes hypothétiques avancés pour résoudre ce paradoxe, ce qui nécessiterait de longs développements techniques. Néanmoins, quoi qu'il en soit de cet effet transgénérationnel, il est suffisant de prendre note pour notre propos présent que des expériences traumatiques précoces sont susceptibles *d'exercer chez l'animal une influence la vie durant sur l'expression de toute une série de gènes*, en induisant la formation de marques épigénétiques stables au niveau cérébral.

Le rôle d'expériences traumatiques survenant au cours de la *période embryonnaire* a également été investigué. Plusieurs études ont été menées dans l'espèce humaine sur des enfants dont les mères avaient subi au cours de leur grossesse des « stress psychosociaux » (épisode dépressif traité ou non, exposition à des violences conjugales, guerre, génocide)[15]. C'est ainsi qu'il a été rapporté que le profil de méthylation du gène du récepteur aux glucocorticoïdes (gène impliqué dans la réponse au stress et déjà incriminé dans les études sur le rat évoquées ci-dessus) était modifié, dix-huit ans après leur naissance, dans les cellules sanguines d'enfants mis au monde par des femmes rwandaises ayant vécu le génocide tutsi. Néanmoins, ces études restent d'interprétation difficile, avec de nombreux facteurs confondants, et ces données doivent être considérées comme préliminaires.

Revenons maintenant à l'autisme. Des modifications épigénétiques affectant une série de gènes ont été rapportées dans des régions spécifiques du tissu cérébral chez certains autistes[16], ce qui pose plusieurs questions. Premièrement, *quelles sont les conséquences de ces altérations ?* Deuxièmement, ces modifications résultent-elles d'un pur effet génétique (par altération de gènes de la machinerie épigénétique), de facteurs de milieu pré- ou postnatals ou d'une interaction gène-environnement, la présence de variations génétiques « à risque » constituant un terrain favorable à l'action de facteurs de milieu ? Et alors, *quels facteurs de milieu précisément incriminer ?* Il n'y a pas de question taboue en science. Ces points devront être étudiés au moyen d'une méthodologie particulièrement rigoureuse, vu le caractère sensible du sujet.

L'autisme comme trouble de la trajectoire neurodéveloppementale

La plus grande part des facteurs de risque génétique identifiés à ce jour dans les troubles du spectre autistique est, on l'a vu, en rapport avec le neurodéveloppement cérébral, lequel se produit en plusieurs étapes. Très schématiquement, on distingue au cours de l'embryogenèse une première phase de prolifération neuronale et gliale sous la dépendance de facteurs de transcription qui régulent la prolifération des cellules progénitrices, suivie par une phase de migration au cours de laquelle les futurs neurones quittent les zones profondes du cerveau où ils sont nés pour aller peupler les zones corticales. Enfin, une étape de guidance axonale se produit, au cours de laquelle les axones guidés par une kyrielle de molécules attractives ou répulsives gagnent leurs cibles avec lesquelles ils vont établir des connexions synaptiques. Cette étape s'accompagne d'événements régressifs. On estime que près de la moitié des neurones produits meurent à ce stade, faute de trouver des facteurs trophiques adéquats. Cette phase clôt la période embryonnaire, mais la maturation des connexions synaptiques va se poursuivre après la naissance. Au cours des premières années de vie, sous l'influence de l'expérience, des connexions vont se stabiliser, alors qu'un grand nombre d'entre elles, produites en surnombre, vont être élaguées. Les gènes de susceptibilité que nous avons identifiés sont à même d'*interférer avec toutes les étapes de ce processus*[17]. De fait, en présence d'une telle diversité, les recherches s'orientent de plus en plus, à partir de l'étude de l'exome d'un très grand nombre d'autistes, vers la constitution de sous-groupes homogènes réunissant des sujets présentant spécifiquement des altérations de tel ou tel gène[18]. Dans ces conditions, il peut sembler illusoire de rechercher au moyen de l'imagerie une signature commune dans tous les cerveaux de personnes autistes. Cependant, gardant cette limitation à l'esprit, force est de constater que les recherches menées en ce sens depuis des années n'ont pas été totalement infructueuses et permettent de tirer quelques enseignements de portée générale.

Il est par exemple maintenant bien établi que le cerveau de nombre d'enfants autistes suit une *trajectoire développementale anormale*[19]. Depuis longtemps, on avait remarqué que le périmètre crânien des enfants autistes, globalement similaire à celui des autres enfants à la naissance, était *en moyenne augmenté* au cours des premières années de vie. Après cette période, les courbes tendent à s'égaliser, mais ce rattrapage est trompeur : il est dû à une croissance continue chez les sujets normaux et à une croissance arrêtée chez les autistes. En conséquence, à l'adolescence, il n'y a plus en moyenne de différence significative entre les deux groupes. Une réanalyse plus récente de l'ensemble des données publiées à ce sujet a confirmé cette tendance à une croissance accélérée chez les enfants TSA[20]. Chez eux, l'augmentation du périmètre crânien est provoquée à la fois par un excès de liquide céphalo-rachidien et de volume cérébral impliquant la substance grise comme la substance blanche[21]. En dépit de cette complexité, l'augmentation transitoire de volume cérébral constatée incite à penser qu'il pourrait exister chez ces enfants un défaut d'élagage synaptique au cours de la période postnatale. Or cette période de maturation est cruciale, c'est pendant celle-ci que sous l'influence de l'expérience, les connexions neuronales se stabilisent en accumulant des informations sur le monde ambiant, alors que de nombreuses connexions surnuméraires sont éliminées.

Les conséquences sur les réseaux fonctionnels

Les études *post mortem* menées sur un petit nombre de cerveaux d'autistes ont montré des plages de désorganisation des réseaux neuronaux réparties sur de larges régions du cortex[22], avec parfois des signes de défaut de neurogenèse ou de migration neuronale[23]. Les études en imagerie fonctionnelle évaluant le degré de corrélation entre les niveaux d'activation de plusieurs régions cérébrales enregistrés au repos ou lors de l'exécution de tâches cognitives sont également en faveur d'atteintes diffuses. Ces études sont souvent d'interprétation difficile en raison notamment de la non-stabilité des effets observés en fonction de l'âge (hyperconnectivité entre certaines structures à certains âges, hypoconnectivité à d'autres)[24]. Sans donc rentrer dans les détails, on notera juste que chez les autistes les trois grands réseaux fonctionnels précédemment décrits (*DMN*, *SA* et *CEN*) sont touchés. Connaissant le rôle du *DMN* dans les processus d'attribution d'états mentaux et d'intention à nos semblables, ce réseau a été particulièrement étudié, et comme on pouvait s'y attendre des troubles de la connectivité fonctionnelle y ont été mis en évidence[25]. Toutefois, et c'est un bon exemple de la complexité de notre cerveau, fruit de millions d'années d'évolution, on s'est vite aperçu que, pour nous permettre de nous comprendre les uns les autres (enfin pour essayer...), toute une série de structures cérébrales étaient mises à contribution, au-delà du *DMN*, qui analysaient des informations de différentes natures. Le *DMN* parvient à construire et à manipuler une série de *règles abstraites acquises par l'expérience* permettant de prédire les états mentaux et comportements de nos congénères. Mais le réseau de saillance intervient lui aussi, en étant sensible à des *informations émotionnelles*. Des expressions faciales de peur par exemple sont détectées par l'amygdale et l'insula et induisent automatiquement les mêmes émotions chez l'observateur. C'est un mécanisme très primitif de « contagion émotionnelle ». Un autre système est sensible aux *actions dirigées vers un but*, observées chez des congénères, et permet leur imitation. Ce système est supporté par l'activité des (trop ?) fameux « neurones miroirs[26] » localisés dans le cortex prémoteur et le lobule pariétal inférieur, qui ont la particularité d'être actifs à la fois quand le *sujet exécute un acte et quand il observe cet acte effectué par un de ses semblables*. Chez les enfants autistes, c'est l'ensemble de l'interconnectivité entre ces réseaux qui est perturbée[27], ce qui souligne bien l'atteinte globale des systèmes fonctionnels et l'impossibilité de localiser les perturbations dans une région spécifique du cerveau. Mais bien sûr toutes les études citées ont inclus des enfants atteints de TSA au sens large, on peut objecter que certains sous-groupes présentent en fait des perturbations plus localisées.

Perturbations de la latéralisation cérébrale

Une autre conséquence de ces troubles neurodéveloppementaux concerne les questions de traitement et de transfert d'informations inter-hémisphériques chez les autistes.

Bien que les deux hémisphères cérébraux paraissent à première vue anatomiquement semblables, il est établi que dans notre espèce ils sont fonctionnellement asymétriques, l'un d'entre eux jouant un rôle prédominant lors du traitement de certains types d'informations. Il en résulte des fonctions cérébrales latéralisées à des degrés divers : ainsi l'hémisphère gauche est généralement dominant pour le langage ou la motricité manuelle fine, le droit étant spécialisé dans la reconnaissance des visages, des émotions ou dans l'attention visuo-spatiale, pour prendre quelques exemples. On peut facilement retrouver un corrélat anatomique supportant ces particularités fonctionnelles dans le cas du langage : les zones correspondant aux aires temporales du langage à gauche sont en moyenne 30 % plus étendues que leurs homologues droites. Pour les autres fonctions latéralisées, ces correspondances anatomiques sont beaucoup moins prononcées. Toutefois, si l'on observe le cortex plus finement, des différences structurales entre les hémisphères gauche et droit apparaissent. Au cœur du cortex, les neurones sont organisés au sein de minicolonnes formées lors de la migration des précurseurs neuronaux vers la surface du cerveau. Ces minicolonnes sont considérées comme des processeurs élémentaires au niveau cortical. Plusieurs études ont montré que l'espacement de ces colonnes est plus lâche dans l'hémisphère gauche que dans le droit, et il a été suggéré que cette disposition des microcircuits influe sur le type de traitement de l'information qui en résulte : davantage de composants indépendants permettant un traitement fin, analytique, dans l'hémisphère gauche, davantage de coactivation et de recouvrement entre colonnes, responsable du traitement holistique de l'hémisphère droit[28]. Notons enfin que chez le jeune enfant au repos l'hémisphère droit est préférentiellement activé[29], ce qui a conduit à soutenir l'hypothèse selon laquelle l'hémisphère droit développe ses fonctions avant le gauche.

Pourquoi le langage est-il latéralisé dans l'hémisphère gauche chez la très grande majorité des humains, y compris gauchers ?

Probablement parce que la production et la compréhension du langage articulé nécessitent un traitement fin, de type analytique de l'information. C'est ainsi que la zone de Broca, localisée dans le cortex frontal gauche et dont la destruction provoque une aphasie caractérisée par un manque du mot sévère couplé à des troubles de la compréhension, est en fait une région dont la fonction première est le contrôle de l'enchaînement de séquences motrices complexes[30]. Ce qui s'avère bien utile lorsqu'il s'agit d'assembler des phonèmes en mots et phrases. Ce module qui, on le sait maintenant, est actif dans des tâches variées sans rapport avec le langage, a été mis à contribution et inclus dans une nouvelle architecture par le cerveau des hominidés lorsque ceux-ci ont entrepris de parler. Le développement du langage n'est donc pas dû à la création *ex nihilo* de nouvelles zones cérébrales spécifiquement dédiées à cette tâche, mais à la réutilisation et au développement d'anciennes ressources, grâce à l'un de ces bricolages dont l'évolution est friande.

Que la latéralisation cérébrale soit profondément perturbée chez les autistes est un fait établi. Par exemple, pour considérer une illustration dans le domaine moteur, on retrouve 16 % de gauchers (donc, du fait du croisement des voies motrices, d'une dominance de l'hémisphère *droit* pour la préférence manuelle) et 44 % d'ambidextres chez les autistes, comparés à respectivement 5 et 16 % dans la population générale[31]. Les études en imagerie structurales ont également apporté des arguments en faveur d'une latéralisation perturbée en montrant généralement une modification du rapport gauche/droite (G/D) des volumes corticaux dans les zones latéralisées au profit du cortex droit[32]. Enfin, les études en IRMf ont conforté cette vue d'un déplacement global de la balance G/D en faveur du cerveau droit au niveau de plusieurs réseaux fonctionnels[33]. Tout cela a nourri une théorie assez prégnante selon laquelle l'autisme serait corrélé à un *déficit de traitement gauche*. Mais cette théorie, si elle a l'avantage de la simplicité, cadre mal avec certaines observations cliniques : l'utilisation littérale du langage, la difficulté à opérer des glissements de sens, par exemple, sont des caractéristiques couramment rencontrées chez les autistes de haut niveau, qui indiquent un déplacement anormal de la balance G/D en faveur d'un traitement préférentiel de type *gauche*. En 2019, un groupement d'une cinquantaine de laboratoires répartis dans le monde entier a entrepris de réanalyser les données concernant l'asymétrie structurale du cortex chez près de 1 800 autistes et autant de sujets témoins[34]. Les conclusions qu'ils ont tirées ne racontent pas exactement la même histoire. Chez les sujets témoins, ils ont observé, dans le cortex frontal et temporal, plusieurs zones dont l'épaisseur était asymétrique, soit gauche supérieure à droite ou droite supérieure à gauche. Chez les sujets autistes, ils ont constaté des variations dans l'épaisseur de ces zones produisant dans tous les cas une *réduction de l'asymétrie* constatée chez les sujets contrôles, quel que soit le sens de celle-ci. Plutôt qu'un déplacement global de la balance gauche/droite, il semble bien que, chez les autistes, le problème pour toute une série de fonctions latéralisées réside en une *atténuation de la latéralisation normale.*

Les mécanismes conduisant à ces perturbations de la latéralisation chez beaucoup d'enfants autistes restent encore largement incompris, pas plus qu'on ne comprend à l'heure actuelle le déterminisme extrêmement complexe de ces processus de latéralisation chez les autres enfants, lequel est sous l'influence de facteurs génétiques et de facteurs de milieu. La question a commencé à être traitée pour ce qui est de la préférence manuelle. Les études de jumeaux menées depuis plusieurs années avaient montré une contribution génétique faible à ce trait, expliquant seulement 25 % de la variance observée pour le trait dans ces paires de jumeaux. Cette composante génétique résulte d'un effet additif de nombreux gènes exerçant pour chacun d'eux un effet minime. Récemment, une étude menée sur 400 000 individus a permis d'identifier plusieurs de ces gènes[35]. Pour le reste, il s'agit de facteurs environnementaux propres à chaque culture ou à chaque individu. L'observation de gènes exprimés de façon différente au niveau des deux hémisphères dans les régions du cortex moteur au cours du développement fœtal suggère que des modifications épigénétiques locales pourraient jouer un rôle dans cette différenciation lors du neurodéveloppement. Ces résultats concernent le déterminisme de la préférence manuelle. Il n'est pas certain qu'ils soient généralisables à d'autres fonctions latéralisées.

Traitement analytique à gauche, holistique à droite donc. En pratique toutefois, les deux hémisphères coopèrent et sont complémentaires au repos et dans toutes les tâches cognitives. Pour rendre les choses plus complexes encore, à côté de perturbations dans les processus de latéralisation proprement dits, nous avons de plus en plus d'éléments pour penser que des troubles dans le *transfert d'informations* entre les deux hémisphères sont également impliqués chez certains autistes. Dans ce cadre, l'intérêt s'est porté sur le corps calleux, un faisceau de 170 millions d'axones qui établit une connexion entre les deux hémisphères et permet l'échange constant d'informations entre nos deux cerveaux. Les études du corps calleux chez des sujets autistes au moyen de techniques d'imagerie de plus en plus sophistiquées ont montré des altérations dans la microstructure de ces fibres[36], ce qui a été confirmé par des études *post mortem*, objectivant à la fois des déficits en nombre et taille des axones[37].

Il existe par ailleurs une maladie assez rare touchant un enfant sur 4 000 que l'on appelle « agénésie du corps calleux ». Dans cette maladie, on note une absence totale ou partielle du corps calleux suite à des altérations génétiques ou à l'exposition à des toxiques durant la période fœtale. Ces enfants présentent des symptômes qui sont très similaires à ceux des enfants Asperger[38]. Un cas très célèbre est celui de Kim Peek, connu pour ses capacités mnésiques hors du commun, mais aussi ses difficultés dans la communication sociale, dont la vie a été portée à l'écran dans le film *Rain Man* (1988).

Au total, le fait que chez les autistes de nombreuses informations ne soient pas traitées là où elles devraient l'être, associé à des difficultés dans l'échange d'informations entre les deux hémisphères, joue probablement un rôle déterminant dans l'apparition de nombreux symptômes. Pour apporter une dernière touche à ces questions de latéralisation, il convient de se rappeler que l'autisme touche davantage les garçons que les filles dans un rapport de 4 pour 1. Or, du fait de l'exposition à la testostérone en période fœtale chez les bébés de sexe masculin, la latéralisation cérébrale est légèrement différente dans les deux sexes, comme l'est le profil cognitif de chaque sexe[39]. L'idée générale est que chez les femmes il existe une meilleure communication interhémisphérique et donc une meilleure intégration du travail des deux hémisphères, avec notamment un accès langagier accru aux informations émotionnelles gérées à droite. Sauf à considérer que les garçons sont particulièrement sensibles à la forclusion du nom-du-père, de nombreux chercheurs pensent – mais ce n'est pas démontré – que leur vulnérabilité accrue à l'autisme est précisément due à des particularités dans le traitement de l'information en relation avec ces différences de latéralisation[40]. Cette idée n'est pas nouvelle : dès sa première description du syndrome qui porte à présent son nom, Hans Asperger notait : « La personnalité autistique est une variation extrême de l'intelligence mâle. »

Les troubles du spectre autistique sont donc un ensemble de pathologies relevant de perturbations dans l'organisation de réseaux neuronaux qui influent sur la structuration du psychisme humain très précocement. Le recours à des concepts freudiens, notamment celui de psychose, apporte en définitive peu à la compréhension fine de ces troubles, hormis quelques constatations relevant du sens commun, relatives à la construction déficiente de représentations mentales essentielles. De plus, et il faut être intransigeant sur ce point, nous n'avons actuellement pas la moindre preuve que des facteurs psychologiques de l'ordre de ceux brandis par certains apprentis sorciers se réclamant de la psychanalyse, et généralement assenés à la mère sans ménagement, aient le moindre rapport avec la genèse de l'autisme. Non, la psychanalyse n'aide ni à comprendre ni à soigner l'autisme.

Pour conclure

Au terme de cette brève exploration, où une convergence partielle mais aussi beaucoup de divergences majeures entre thèses freudiennes et neurosciences sont apparues sur un certain nombre de thèmes, je souhaite mettre en exergue, en guise de conclusion provisoire, quelques points qui, à mon sens, doivent être pris en considération par quiconque veut faire progresser le vieux projet d'une psychologie scientifique, mais aussi souligner quelques implications sociétales découlant de la structuration du psychisme humain telle que nous l'avons abordée ici.

Pour comprendre l'inconscient commençons par comprendre ce qu'est la conscience

L'étude patiente d'une multitude de phénomènes d'ordre cognitif, émotionnel, motivationnel, menée par les scientifiques et médecins au cours du dernier demi-siècle a fourni pléthore d'exemples de traitement inconscient de l'information par les cerveaux de mammifères, y compris par le nôtre. Cela ne concerne pas seulement des domaines traditionnellement considérés comme gérés par des automatismes, mais s'étend à des fonctions de haut niveau (traitement sémantique, motivation, prise de décision, motricité « volontaire », etc.).

Les choses auraient pu en rester là ; seulement, l'évolution a peu à peu doté les cerveaux de ces mammifères d'un nouvel avatar : la conscience avec, intimement liée à ce mode de traitement de l'information, l'utilisation sans cesse accrue de ressources cérébrales afin de dégager du sens à partir du flot d'informations provenant d'expériences vécues par ces organismes. Les bases neurales permettant le traitement conscient de ces informations commencent à être cernées. Nous nous référerons ici à la théorie de l'espace de travail global de Changeux, Dehaene et Naccache [1]. Brièvement, car la question a été traitée en profondeur dans deux ouvrages récents, cette théorie stipule que pour accéder à la conscience une représentation neuronale doit être capable d'initier de façon transitoire une activité électrique cohérente dans un vaste réseau cortical associatif appelé espace de travail. Pour cela, les cellules nerveuses supportant cette représentation doivent, à partir de circuits réverbérants, synchroniser leur activité avec celle de très grands ensembles de neurones répartis sur de grandes distances, favorisant ainsi, *via* les phénomènes de plasticité synaptique, l'apprentissage de nouvelles configurations et le remodelage des représentations initiales. Des réseaux anatomiques de connexions corticales à longue distance, particulièrement développés chez l'humain, et la présence de boucles cortico-sous-corticales sont déterminants dans ce processus. Fonctionnellement, on suppose que cette synchronisation transitoire est rendue possible lorsqu'un groupe de neurones cale son activité sur les oscillations électriques spontanées qui se produisent continuellement au niveau du cortex. À vrai dire, on ne comprend pas grand-chose au déterminisme fin de ces phénomènes de synchronisation transitoire, mais un point au moins est clair : l'accès d'une représentation à la conscience n'est pas un phénomène instantané. Les processus de traitement de l'information aboutissant à une prise de conscience demandent du temps. En extrapolant à partir du temps requis pour qu'un stimulus sensoriel parvienne à la conscience, on estime qu'une activation sur une fenêtre temporelle de 300 à 500 millisecondes (ce qui en temps neuronal est considérable, une impulsion électrique est transmise d'un neurone à un autre en seulement quelques millisecondes) est nécessaire pour permettre l'intégration de cette représentation à l'espace de travail.

Si nous nous tournons maintenant vers l'architecture générale des aires corticales associatives qui participent à cet espace de travail conscient, nous observons chez les grands singes deux tendances évolutives concomitantes : accès de plus en plus fin aux représentations des états émotionnels *via* l'insula, d'une part, et développement de ressources exécutives de plus en plus sophistiquées permettant d'interpréter ces informations au niveau du cortex préfrontal, d'autre part. Évidemment, développer ces facultés au niveau de l'espace de travail va avoir des conséquences sur le mode de conscience spécifiquement humain qui en résultera.

À quoi la conscience sert-elle ? Il ne s'agit certes pas d'un épiphénomène, d'un effet collatéral sans intérêt de quelque processus plus fondamental de traitement de l'information. Si la sélection naturelle a travaillé avec autant de constance à configurer des cerveaux dotés de conscience cela doit avoir un intérêt pour les possesseurs de tels cerveaux. Sur ce point, on ne peut qu'adhérer à l'analyse de Stanislas Dehaene : « La conscience aurait ainsi évolué, il y a des millions d'années, afin d'extraire et de diffuser au reste du cerveau un maximum d'informations pertinentes initialement confinées dans des circuits cérébraux spécialisés. [...] la conscience a évolué afin d'atténuer les conséquences néfastes de cette modularité[2]. » La conscience est donc bâtie sur un système de « re-représentations », des représentations d'un ordre supérieur constituées à partir de représentations modulaires largement inconscientes.

Le fait de pouvoir stabiliser ces informations indépendamment du moment ou du lieu où elles ont été initialement collectées, de pouvoir leur donner du sens en y réfléchissant au moyen d'instruments cognitifs adaptés et d'en tirer des conséquences comportementales constitue un énorme progrès. Lorsque de surcroît les concepts ainsi élaborés par un cerveau peuvent se diffuser à des multitudes d'autres grâce au langage, on mesure tout l'intérêt d'un traitement conscient de l'information pour les membres d'une espèce disposant de ce type de cerveau.

Le moi conscient : une construction a posteriori

Le schéma général sur lequel nous convergeons pour rendre compte du psychisme humain et de l'expérience consciente est donc celui d'une interprétation *a posteriori* par des mécanismes conscients de réponses émotionnelles et comportementales aux situations les plus diverses, réponses générées pour une très large part hors du champ de notre conscience et dépendant de notre système de motivation, bâti comme chez tous les mammifères autour de la recherche de récompenses. Michael Gazzaniga, l'homme qui a passé sa vie à observer les malades *split brain* au cerveau artificiellement dédoublé a, parlant du cerveau gauche (celui qui parle), cette formule : « Son boulot consiste à interpréter nos réponses – cognitives ou émotionnelles – à ce que nous rencontrons dans notre environnement. L'interprète entretient une narration constante au sujet de nos actions, émotions, pensées et rêves. L'interprète est une glu qui garantit l'unité de notre histoire et crée notre sensation d'être un agent cohérent et rationnel. [...] Un dispositif qui commence par demander comment une chose se rapporte à une autre, un dispositif qui s'interroge sur une infinité de choses, en fait, et se révèle capable de fournir des réponses productives à ces questions [...] va sûrement poser cette question "Qui résout tous ces problèmes ?". Appelons-le *moi* – et en route[3]. »

Cette manière de poser le problème personnellement m'enchante et Freud, je suppose, ne l'aurait pas désavouée. Toutefois, la question de l'appropriation *a posteriori* de toutes ces interprétations par ce que nous considérons comme notre moi est abordée de façon un peu succincte. De façon générale, la question du moi conscient n'est encore qu'insuffisamment traitée par les neuroscientifiques, trop souvent polarisés sur l'étude de phénomènes partiels. Seuls les plus avisés ont pris la mesure du problème. Damasio, par exemple, écrit : « La part du lion, je crois, revient au fait que, dans l'esprit conscient, le traitement des images environnementales est orienté par un ensemble particulier d'images internes, celles de l'organisme vivant du sujet, représenté dans le soi*. Le soi polarise le processus mental ; il confère une motivation à l'aventure consistant à rencontrer d'autres objets et événements ; il nimbe l'exploration du monde extérieur au cerveau du souci du premier et principal problème auquel est confronté l'organisme : la régulation réussie de sa vie[4]. » Nous ne pouvons certes que souscrire à ces propos. Si la tâche du cerveau conscient est bien de dégager, sur la base d'inférences, du sens à partir d'informations qu'il a lui-même générées, la construction dans ce cadre d'un moi, ce personnage central autour duquel tout cet édifice s'ordonne et gravite, est la clé de voûte de l'édifice. Mais il faut bien se rendre compte que cette construction n'est pas triviale. Contrairement à ce que la citation de Gazzaniga laissait sous-entendre, le moi ne surgit pas un jour constitué de pied en cap à partir de cette démarche interprétative. Son émergence nécessite une maturation du psychisme. On doit faire crédit à Freud d'avoir le premier décrit une série de phases de maturations psychologiques au cours desquelles s'effectue la construction du moi et d'avoir établi les conséquences sur la pathologie mentale adulte de troubles affectant cette construction au cours de ces différentes étapes. Sur ce point les neurosciences ont tout intérêt à examiner avec soin la théorie freudienne.

---

* Ce que nous avons appelé le « moi ».

L'inconscient : entité unifiée ou ensembles d'effets collatéraux liés au traitement conscient de l'information

Chez tout un chacun, nous dit Freud, des représentations correspondant à des modes de pensée infantiles ont été refoulées parce que dangereuses pour la pérennité du moi. Devenues inconscientes, elles sont toujours actives et font le lit de nos névroses adultes. Les neurosciences peinent, en fonction des connaissances actuelles, à trouver une trace biologiquement plausible de ce processus de refoulement dont serait l'objet cette part du sens construit au cours des phases précoces de maturation psychique. Toutefois, si l'on veut bien admettre que les représentations sémantiques s'inscrivent dans des populations neuronales à géométrie variable, sans cesse remaniées, on peut faire l'hypothèse que certaines composantes, devenues moins prégnantes du seul fait de la désuétude du mode de pensée qui leur a donné naissance, subsistent sous forme de traces subliminales ne pouvant pratiquement plus émerger sous forme consciente au niveau de l'espace de travail, en gardant toutefois, lorsqu'elles sont sollicitées, une persistance dans le cadre du traitement inconscient des représentations sémantiques. Nous obtenons ainsi l'effet postulé en faisant l'économie d'un problématique gendarme actif provoquant l'hypothétique refoulement.

Chez d'autres individus, appelés psychotiques, ajoute Lacan, des signifiants primordiaux normalement constitués à l'issue de la phase œdipienne manquent, du fait de la forclusion. Pour traduire cela dans le langage des neurosciences, il nous faudra davantage de reformulations. On peut s'y risquer de la façon suivante : certains individus porteurs de variations génétiques compromettant le développement des réseaux neuronaux corticaux présentent une maladie appelée « schizophrénie ». Chez eux, la mise en place défaillante au cours de l'enfance de ces réseaux neuronaux, et notamment du réseau de saillance, favorise l'attribution de significations aberrantes à des stimuli externes ou internes et perturbe en profondeur les processus d'attribution du sens. Il en résulte que des représentations essentielles permettant d'établir une distinction entre le moi de la réalité extérieure ne peuvent se construire au cours de périodes critiques du développement. Lorsque le moi est fortement sollicité lors de l'entrée dans la vie adulte, une telle indistinction est incompatible avec une vie affective et intellectuelle normale.

Chez des enfants autistes, enfin, et là encore sur un terrain génétique prédisposant, il existe des atteintes encore plus précoces dans la structuration des réseaux corticaux de connectivité fonctionnelle, conduisant à la construction défaillante de pans entiers du système de représentations sous-tendant la vie relationnelle.

Freud a écrit que, avec la découverte de la place de l'inconscient dans le psychisme humain, il avait réalisé une découverte dont la portée était similaire à celles de Copernic ou de Darwin. D'autres avaient probablement avancé cette idée d'inconscient avant lui, mais ne discutons pas, de par l'ampleur de son travail d'élaboration, Freud est réellement un précurseur incontournable. La critique essentielle que nous devons lui adresser un siècle plus tard est que, faute d'avoir ancré ses conceptions du psychisme humain dans le fonctionnement cérébral, et à défaut d'un appareil conceptuel adéquat, Freud a, sous le terme « inconscient », imaginé une *entité unifiée dotée d'une existence propre*, de buts et de stratégies, là où les neurosciences identifient en fait une *série de processus et de contraintes hétérogènes liées au traitement de l'information* par nos structures cérébrales. Toutefois, les résultats finaux observés au terme de la maturation de ces systèmes sont finalement assez proches de ceux mis en avant par Freud : nécessité pour l'« appareil psychique » de se structurer, grâce à une série de paliers de maturation, afin de s'adapter aux contraintes permettant d'extraire du sens du monde extérieur ; nécessité également pour cet appareil d'interprétation consciente de composer avec l'existence d'une part très importante d'informations traitées de façon inconsciente, qui influe sur notre comportement et notre entendement, tout en lui échappant.

Même si nous devons définitivement rompre avec les métaphores et mythes freudiens pour reformuler cette problématique en des termes compatibles avec ce que nous savons maintenant du fonctionnement cérébral, le cadre posé est fondamentalement pertinent et les intuitions freudiennes souvent fécondes. Je serai plus sévère concernant ses successeurs, réduits à se déchirer à propos de l'exégèse des textes sacrés, sectateurs exerçant un gardiennage intransigeant sur leurs mythologies respectives, et le plus souvent hélas totalement hermétiques à toute approche scientifique. C'est peu dire qu'au lieu de corriger les travers du freudisme, les épigones n'ont au fil des années fait que les accentuer. Ainsi, le recours au concept fourre-tout de psychose, censé entre leurs mains s'appliquer indistinctement à toute une série d'états, de la paranoïa, en passant par la schizophrénie, pour aboutir à l'autisme s'est en définitive révélé peut éclairant, voire contre-productif.

Une exigence incontournable : mettre en rapport la psychologie avec le fonctionnement cérébral

Récemment lors d'une discussion avec un analyste, celui-ci s'inquiétait de notre obsession scientifique, selon lui morbide, consistant à relier toute vie psychique au fonctionnement cérébral. Ce à quoi je rétorquais qu'il ferait mieux de s'interroger sur le déni de ce lien. Un partout. La balle est au centre. Après tout, diront certains, les deux interprétations ont leur intérêt, une croyance en vaut une autre. Eh bien non, justement non... Il est un fait que pour ce qui est la part consciente de notre activité mentale nous en sommes réduits à interpréter une masse d'informations générées par notre cerveau sans que nous en prenions nécessairement conscience. Mais il n'en découle pas que nous soyons obligés de le faire n'importe comment. Que nous soyons en toutes circonstances tributaires de grilles de lecture projetées sur le monde ambiant n'implique pas que toutes ces grilles se valent. Que nous puissions utiliser minutieusement les outils de la raison pour les discriminer est à notre portée. C'est bien la seule parcelle de liberté à notre disposition pour guider nos comportements quand nous entreprenons de nous confronter à l'opacité du réel. « Lorsqu'il n'est pas en notre pouvoir de discerner les plus vraies opinions, nous devrons suivre les plus probables », écrivait sagement Descartes. Établir les « opinions les plus probables », c'est précisément l'objet de l'investigation scientifique.

Ainsi, peu à peu notre cortex frontal parvient à établir une série de concepts, dont la pertinence doit sans cesse être remise en question par l'expérimentation, qui permettent de penser notre interaction avec une réalité pourtant à jamais étrangère. Ni plus, ni moins. Faute de se plier à cet exercice, il nous reste à nous vautrer dans l'obscurantisme sous toutes ses variantes et à subir passivement l'asservissement de notre vie mentale à nos croyances les plus consternantes. Il est grand temps que les humains admettent que les grilles de lecture basées sur des concepts *vérifiables* et *réfutables* ne peuvent se diluer dans la cacophonie des opinions infondées. À cette aune, il n'y a aucune croyance qui soit absolument *vraie*, mais il y en a beaucoup qui sont indubitablement *fausses*.

Tristes tropismes

Dans un texte écrit vers la fin de sa vie, Freud diagnostiquait un « malaise dans la civilisation » en rapport avec la nature même du psychisme humain. Voici la première phrase de son ouvrage : « On ne peut se défendre de l'impression que les hommes mesurent communément selon des étalons faux qu'ils désirent pour eux-mêmes le pouvoir, le succès ou la richesse, les admirent chez les autres, mais sous-estiment les vraies valeurs de la vie [5]. » Près d'un siècle plus tard, rien n'est changé dans ce constat, si ce n'est que la connaissance de notre cerveau progressant, nous comprenons mieux les failles rédhibitoires dans son fonctionnement qui sont à l'origine de cet état de fait. Sur le fond, les conséquences sont accablantes. Que penser d'une espèce incapable de réguler sa prolifération ? Comment juger une espèce dont l'élite préfère, avec un cynisme magistral, consacrer ses ressources cognitives à jouer au Monopoly avec les richesses gigantesques qu'elle a accaparées au lieu de se préoccuper du bien public ? Que penser d'une espèce qui en deux siècles de saccage de son milieu est en train de réussir l'exploit de provoquer une extinction de masse des autres formes de vie ? Partout, nous allons dans le mur. L'espèce humaine est un produit hautement instable de l'évolution, et le cerveau humain une machine dangereusement défaillante. Au meilleur de ses performances, c'est-à-dire quand il parvient à distinguer ses désirs de la réalité*, il réussit juste à propulser dans la vie de pauvres hères sans leur fournir, quoi qu'ils en pensent, les moyens de maîtriser les forces qui les animent. En

* Ce qui n'est pas gagné. Au moment où j'écrivais ces lignes, on pouvait assister au spectacle édifiant du président de la première puissance mondiale s'autopersuadant qu'on lui avait volé la victoire à des élections qu'il venait de perdre et, alors qu'il appelait ses partisans à un coup d'État, qu'il était en réalité victime d'un complot. Puis, plus récemment, c'est un autocrate à la tête d'une puissance nucléaire qui, se rêvant nouveau tsar d'un empire parti en fumée, se forge la conviction délirante que les territoires qu'il convoite sont aux mains de nazis menaçants et, en conséquence, agresse sauvagement son « redoutable » voisin. Toute opposition ayant été muselée, place alors au mensonge totalitaire qui s'énonce comme suit : « Tout ce que je *dis* est ce qui *est*. » Cas typiques de délires paranoïaques fruits d'esprits dérangés, partagés chaque fois par des dizaines de millions de leurs supporters. Toute-puissance du verbe et renoncement aux impératifs élémentaires de la pensée logique. Cette prolifération de réalités parallèles auxquelles adhèrent en des compartiments étanches des masses d'individus, ce déni décomplexé des faits, cette fragmentation complotiste du réel sont, de par leur ampleur, l'un des phénomènes les plus inquiétants de l'époque actuelle.

tout cas, cette lacune catastrophique ne dissuade nullement les humains de s'évertuer à gérer, jour après jour et de la façon qui leur paraît la plus gratifiante, leur existence personnelle.

L'époque postmoderne dans nos sociétés scelle pour les classes intégrées au système le triomphe de l'individualisme *égoïste*, du chacun pour soi, sur fond de démocratie libérale et de surabondance marchande, que Gilles Lipovetsky a caractérisé comme suit : indifférence à la dimension sociale de l'existence, repli sur soi, hyperinvestissement du corps et de l'espace privé, cordialité, tolérance et indulgence de surface cachant mal un narcissisme exacerbé[6]. Chacun est à la recherche du bonheur personnel, veut s'épanouir dans sa bulle, réussir coûte que coûte sa vie en cultivant son moi. L'hyperconsommation ne suffisant pas à étancher cette soif, celle-ci se déplace vers les « thérapies » de tous ordres, censées apporter aux intéressés des révélations inédites sur eux-mêmes, en tout cas parachevant leur enfermement dans un univers autocentré. À moins que, découragé par le côté éprouvant de l'exercice, l'on ne se tourne vers le coaching pour ego résilients (le mot est dans l'air du temps, la foi béate dans le progrès n'étant décidément plus ce qu'elle était) et la « psychologie positive » qui, elle aussi, proclame, mais sur un mode bienveillant, que la solution de nos problèmes réside en nous. Tout cela en attendant l'aide de l'intelligence artificielle, laquelle, en donnant consistance à nos avatars virtuels, va nous propulser dans le monde de l'individualisme augmenté, ce qui nous facilitera la vie, n'en doutons pas. Pour ceux qui ne sont pas tentés par ces approches *soft*, le passage à l'acte est une autre voie aboutissant à la jouissance de soi : se défoncer, s'éclater, repousser ses limites, quitte à se mettre en danger, procure des frissons rares. Hélas, nonobstant cette quête tous azimuts, le bonheur est rarement au rendez-vous, alors il reste à en fabriquer une image factice selon les canons de la téléréalité, que l'on diffusera sur Internet en guettant anxieusement les *like*. Si nous ne parvenons pas à être heureux dans la vie réelle, au moins appliquons-nous à le paraître.

Dans nos sociétés, les humains atomisés et fiers de l'être sont confinés dans le rôle de spectateurs d'un monde qui leur échappe et dans la marche duquel ils n'ont ni les moyens ni la volonté du reste de s'impliquer activement. Les images du spectacle ambiant pourtant diffusées à profusion, pas plus que le bonheur marchand, ne parviennent à combler ce vide. Reste donc à se tourner vers soi-même. À trop vouloir mettre au jour la vérité de leur moi, cette construction filoutée du cerveau humain, à vouloir par-dessus tout « être en accord avec eux-mêmes », nombreux sont ceux qui sont saisis de vertige. Narcisse est seul et son monologue tourne court. Obsédé par lui-même, il se découvre en mauvaise, voire en dangereuse, compagnie. Plus il s'examine, plus l'image se trouble, plus son « libre arbitre » lui paraît problématique, plus son vide intérieur se fait prégnant. Serait-ce que « le moi n'est pas maître en sa demeure » ? Doute, angoisse, incomplétude, mal-être en place de la sérénité escomptée. Jusqu'aux identités sexuelles, pourtant longtemps tenues comme immuables par l'opinion commune, qui sont bousculées par cette recherche débridée d'autoédification de soi.

Reste la religion ou tout autre succédané à base de pensée magique pour essayer de réinjecter du sens et des valeurs dans cette inquiétante étrangeté. Concernant le fait religieux, Freud écrivait : « Tout cela est évidemment si infantile, si étranger à la réalité, qu'il est douloureux à un ami de l'humanité de penser que la grande majorité des mortels ne s'élèvera jamais au-dessus de cette conception de la vie. Il est encore plus honteux de constater combien sont nombreux parmi nos contemporains ceux qui, devant reconnaître que cette religion est intenable, tentent pourtant de la défendre pied à pied dans de pitoyables combats d'arrière-garde[7]. » Il se trompait pour ce qui est des combats d'arrière-garde. Les religions sont bien vivantes, et aujourd'hui une large part des humains continue à se prosterner devant des dieux qu'ils ont eux-mêmes inventés. Submergés au gré de l'« actualité » d'informations aussi superficielles qu'éphémères, assaillis par une réalité économique globalisée sur laquelle ils n'ont pas prise, leurs identités traditionnelles vacillant, se vivant comme harcelés et victimes potentielles à la merci de complots réels ou fantasmés, nombreux sont ceux qui, de par le monde, à défaut de se poser des questions, veulent disposer de réponses toutes prêtes. Plus que jamais, ils ont besoin pour trouver la force de se lever le matin, non de simples croyances, mais de dogmes assurant leur salut. Reste à trancher si la mise en cause de ceux-ci relève du blasphème passible de la mise à mort immédiate ou du péché d'intolérance qui privera le mécréant de paradis.

Nous sommes en ce moment en présence d'une crise aiguë où l'illusion de lendemains qui chantent ayant disparu, prévaut une phase de confusion idéologique majeure. Une bonne part de nos semblables, quand ils ne s'étourdissent pas dans une recherche compulsive de récompenses (après moi le déluge…), sombrent dans des replis identitaires dérisoires à la recherche de prétendues « racines ». Mais pas de panique.

Ils sont encore une majorité à trouver un sens à leur vie en se raccrochant contre vents et marées à des valeurs minimalistes qui ont fait leur preuve : détourner résolument son attention des problèmes de ce monde puisque « de toute façon on n'y peut rien », s'appliquer à « gagner sa vie », le prix à payer pour pouvoir jouir d'un accès à l'espace gratifiant de la consommation, et tout faire en faveur de la descendance aimée qui assurera la pérennité de nos gènes. Programme qui, bien souvent, faut-il le dire, capote du fait de « problèmes personnels ». Vie sociale ? peu d'ambitions à ce niveau, donc peu d'exigences. On se contente de « vivre ensemble » en s'appliquant à s'abstraire au mieux des foules anonymes que l'on côtoie. Tout juste une vague attention flottante aux convulsions qui, en toile de fond, secouent le monde ambiant. De temps à autre une catastrophe humanitaire un peu plus insoutenable qu'une autre parvient à déclencher une réaction émotionnelle et puis on passe à autre chose. Comme dit l'autre : « J'y pense et puis j'oublie, c'est la vie... » Ce refrain pourrait servir de devise à l'immense majorité de nos contemporains. Tout cela peut paraître pour le moins rabougri. Il reste toutefois (on n'arrête pas le progrès) à l'interprète qui assure au jour le jour la narration de ce roman personnel l'opportunité de faire bénéficier le reste de l'humanité de ses états d'âme grâce aux réseaux sociaux. Triste humanité. Guère de disponibilité psychique dans ces micro-univers fragmentés pour réviser les « étalons faux », selon lesquels nous pensons notre rapport au monde et pour prendre à bras-le-corps notre futur collectif. Moins que jamais la perspective d'une société transparente où les humains seraient réconciliés avec eux-mêmes et avec leurs semblables n'est d'actualité.

Dans les sociétés occidentales, pendant plus d'un siècle, la démocratisation de l'accès aux récompenses a été indissociable de l'essor, du haut en bas du corps social, d'un certain type d'individualisme égoïste (les valeurs dominantes dans les faits sinon dans les discours étant : le monde est à toi, tu es libre, débrouille-toi pour élever ton niveau de vie, ta réussite dépend de toi seul). On voit bien les limites de ce type d'humanité. Sur cette base s'est toutefois constitué un consensus social relativement stable, au prix de quelques effets collatéraux : recroquevillement de chacun sur son pré carré, assujettissement de l'économie à la logique du profit individuel, inégalités colossales générées, marchandisation sans cesse croissante des rapports sociaux, en occident rejet hors du système d'un quart environ de la population vivant dans la précarité, surexploitation et pillage des ressources du reste du monde. Cela n'a empêché personne de dormir. Mais nous sommes en train de changer d'époque historique, ce sont les bases matérielles sur lesquelles a fonctionné cet imaginaire social qui sont en train de s'effriter sur fond de crise écologique majeure et de surpopulation planétaire (sujet tabou s'il en est). Le problème des heureux élus parvenus à un « niveau de vie » élevé dans le cadre de ce système mondialisé est maintenant de le préserver coûte que coûte. Ce qui va faire peser de nouvelles contraintes sur le psychisme de nos compatriotes. Détourner le regard des affaires de ce monde devient insuffisant. Certains qui assument sans état d'âme l'exacerbation de cette lutte pour assurer la survie du plus fort, tant à l'échelle locale que planétaire, se mettent déjà en ordre de bataille. Leur arsenal est hélas bien connu. Le ressort en est le déchaînement pulsionnel. Cela signifie désignation de boucs émissaires, apologie de la force brute, racisme et nationalisme exacerbé, attrait pour les démagogues charismatiques, pleine adhésion au mensonge conscient et délibéré. D'autres dont l'idéal du moi n'est pas totalement atrophié auront besoin d'une caution éthique pour se résoudre à s'enrôler dans de justes et nobles combats. Là aussi, la rhétorique adéquate – « la défense du monde libre », c'est-à-dire, avez-vous lu les clauses annexes, la pérennisation du désordre actuel – est prête à l'emploi. Faites votre choix. Narcisse va devoir se faire une raison, le repli sur lui-même, luxe d'enfant gâté devient obsolète, le voilà rattrapé par l'histoire. On peut pronostiquer que, dans les années à venir, tout autant qu'avec son inconscient au sens freudien du terme, c'est de plus en plus à sa *fausse conscience* au sens marxiste – ensemble d'idées destinées à servir de justification à des pratiques, qui fonctionnent en masquant ou travestissant des aspects cruciaux de la réalité – que Narcisse aura affaire.

Il est intéressant de noter que, à la différence de ce qui s'est produit dans les pays occidentaux, les vannes de la consommation de masse se sont maintenant ouvertes pour un milliard et demi de Chinois sous les auspices de la négation de la liberté individuelle dans une société policière où la planification du bonheur pour le peuple par l'État-parti reste prégnante et où l'accès aux gratifications est sanctionné par un système inédit de prime au conformisme social. Sur une idée originale des banques américaines, les promoteurs du « rêve chinois » sont en train de développer le « crédit social », un système de points qui récompense ou sanctionne en temps réel les citoyens selon leur comportement. Sur le smartphone de chacun, en fonction de ses performances au travail, de son niveau de consommation, de son civisme sur la voie publique, des sites auxquels il se connecte, ce score est réévalué en permanence au moyen d'un algorithme *ad hoc* par Big Brother. Au total, les citoyens méritants gagnent des points leur permettant l'accès à des récompenses (prix discounts, billets de voyages, accès privilégié à des services, etc.) et l'inverse pour les mauvais élèves. Le rêve chinois ? Manière originale de faire fonctionner ses neurones dopaminergiques… Ce système assez antinomique du nôtre perdura-t-il ou finira-t-il par se dissoudre dans un irrésistible flot individualiste à la mode occidentale, la question est ouverte.

De quoi demain sera-t-il fait ? Après la faillite de toutes les tentatives « démocratiques » ou dictatoriales pour modifier le *statu quo* social, après avoir constaté que la raison n'y peut malheureusement rien, viendra probablement le temps où certains, les progrès des connaissances aidant, éprouveront l'envie d'ouvrir le ventre de la bête et d'y modifier quelques circuits. Pour le meilleur ou, on peut le craindre, le pire…

Notes bibliographiques

Avant-propos

1. Damasio A., *L'Erreur de Descartes*, Odile Jacob, 1995.

2. Naccache L., *Le Nouvel Inconscient*, Odile Jacob, 2009.

3. Kandel E. R., « A new intellectual framework for psychiatry », *Am. J. Psychiatry*, 1998, 155, p. 457-469.

4. *Ibid.*

5. Kandel, E. R. « Biology and the future of psychoanalysis : A new intellectual framework for psychiatry revisited », *Am. J. Psychiatry*, 1999, 156, p. 505-524.

6. Pribram K. M., Gill M. M., *Le « Projet de psychologie scientifique » de Freud : un nouveau regard*, PUF, 1968. Hochmann J., Jeannerod M., *Esprit où es-tu ? Psychanalyse et neurosciences*, Odile Jacob, 1991. Solms M., Turnbull O., *Le Cerveau et le Monde interne*, PUF, 2002. Ansermet F., Magistretti P., *À chacun son cerveau. Plasticité neuronale et inconscient*, Odile Jacob, 2004. Naccache L., *Le Nouvel Inconscient, op. cit.* Crommelinck M., Lebrun J.-P., *Un cerveau pensant : entre plasticité et stabilité. Psychanalyse et neurosciences*, Toulouse, Érès, 2017.

Chapitre 1. L'apport de Freud à la compréhension du psychisme

1. Onfray M., *Le Crépuscule d'une idole. L'affabulation freudienne*, Grasset, 2010.

2. Laplanche J., Pontalis J.-B., *Vocabulaire de la psychanalyse*, PUF, 1981.

3. *Ibid.*, p. 351.

4. Lacan J., *Écrits*, Seuil, 1966, p. 324.

Chapitre 2. Les pulsions à la lumière des neurosciences

1. Laplanche J., Pontalis J.-B., *Vocabulaire de la psychanalyse*, *op. cit.*, p. 359.

2. *Ibid.*, p. 369.

3. *Ibid.*, p. 362.

4. *Ibid.*, p. 361.

5. *Ibid.*, p. 225.

6. Sacks O., *L'Éveil. Cinquante ans de sommeil*, Seuil, 1987.

7. Schultz W., « Dopamine signals for reward value and risk : Basic and recent data », *Behav. Brain Funct. BBF*, 2010, 6, p. 24.

8. Balleine B. W., O'Doherty J. P., « Human and rodent homologies in action control : Corticostriatal determinants of goal-directed and habitual action », *Neuropsychopharmacol. Off. Publ. Am. Coll. Neuropsychopharmacol.*, 2010, 35, p. 48-69.

9. Eshel N. *et al.*, « Arithmetic and local circuitry underlying dopamine prediction errors », *Nature*, 2015, 525, p. 243-246.

10. Ikemoto S., Bonci A., « Neurocircuitry of drug reward », *Neuropharmacology*, 2014, 76 (Pt B), p. 329-341.

11. Andrews P. W., Bharwani A., Lee K. R., Fox M., Thomson J. A., « Is serotonin an upper or a downer ? The evolution of the serotonergic system and its role in depression and the antidepressant response », *Neurosci. Biobehav. Rev.*, 2015, 51, p. 164-188.

12. Cohen J. Y., Amoroso M. W., Uchida, N. « Serotonergic neurons signal reward and punishment on multiple timescales », *eLife*, 2015, 4.

13. Damasio A., *L'Erreur de Descartes*, *op. cit.*

14. Pessiglione M. *et al.*, « How the brain translates money into force : A neuroimaging study of subliminal motivation », *Science*, 2007, 316, p. 904-906.

Chapitre 3. Refoulement ou aléas de la mémoire sémantique ?

1. Laplanche J., Pontalis J.-B., *Vocabulaire de la psychanalyse*, *op. cit.*, p. 394.

2. Rosenfield I., *L'Invention de la mémoire*, Flammarion, 1994.

3. Scoville W. B., Milner B., « Loss of recent memory after bilateral hippocampal lesions », *J. Neurol. Neurosurg. Psychiatry*, 1957, 20, p. 11-21.

4. Damasio A. R., Eslinger, P. J., Damasio H., Van Hoesen G. W., Cornell S., « Multimodal amnesic syndrome following bilateral temporal and basal forebrain damage », *Arch. Neurol.*, 1985, 42, p. 252-259.

5. Halder R. *et al.*, « DNA methylation changes in plasticity genes accompany the formation and maintenance of memory », *Nat. Neurosci.*, 2016, 19, p. 102-110.

6. McCarthy R. A., Warrington E. K., « Past, present, and prospects : Reflections 40 years on from the selective impairment of semantic memory (Warrington, 1975) », *Q. J. Exp. Psychol.*, 2016, 69, p. 1941-1968.

7. Quiroga R. Q., Reddy L., Kreiman G., Koch C., Fried I., « Invariant visual representation by single neurons in the human brain », *Nature*, 2005, 435, p. 1102-1107.

8. Damasio H., Tranel D., Grabowski T., Adolphs R., Damasio A., « Neural systems behind word and concept retrieval », *Cognition*, 2004, 92, p. 179-229.

9. Ralph M. A. L., Jefferies E., Patterson, K., Rogers T. T., « The neural and computational bases of semantic cognition », *Nat. Rev. Neurosci.*, 2017, 18, p. 42-55.

10. Lee A. K., Wilson M. A., « Memory of sequential experience in the hippocampus during slow wave sleep », *Neuron*, 2002, 36, p. 1183-1194.

11. Wamsley E. J., « Dreaming and offline memory consolidation », *Curr. Neurol. Neurosci. Rep.*, 2014, 14, p. 433.

12. Liu X. *et al.*, « Optogenetic stimulation of a hippocampal engram activates fear memory recall », *Nature*, 2012, 484, p. 381-385.

13. Jaenisch R., Bird A., « Epigenetic regulation of gene expression : How the genome integrates intrinsic and environmental signals », *Nat. Genet.*, 2003, 33, p. 245-254.

14. Anderson M. C. *et al.*, « Neural systems underlying the suppression of unwanted memories », *Science*, 2004, 303, p. 232-235.

15. Addis D. R., Wong, A. T., Schacter D. L., « Remembering the past and imagining the future : common and distinct neural substrates during event construction and elaboration », *Neuropsychologia*, 2007, 45, p. 1363-1377.

16. Vigliocco G. *et al.*, « The neural representation of abstract words : The role of emotion », *Cereb. Cortex*, 2014, 24, p. 1767-1777.

17. Dehaene S., *Le Code de la conscience*, Odile Jacob, 2009. Naccache L., *Le Nouvel Inconscient*, *op. cit.*

18. Naccache L. *et al.*, « A direct intracranial record of emotions evoked by subliminal words », *Proc. Natl. Acad. Sci. USA*, 2005, 102, p. 7713-7717.

19. Volz L. J., Gazzaniga M. S., « Interaction in isolation : 50 years of insights from split-brain research », *Brain J. Neurol.*, 2017, 140, p. 2051-2060.

20. Gazzaniga M. S., LeDoux J. E., Wilson D. H., « Language, praxis, and the right hemisphere : Clues to some mechanisms of consciousness », *Neurology*, 1977, 27, p. 1144-1147.

21. *Ibid.*

22. Laplanche J., Pontalis J.-B., *Vocabulaire de la psychanalyse*, *op. cit.*, p. 479.

23. *Ibid.*

24. *Ibid.*

25. Descola P., *Les Lances brisées*, Plon, 1993, p. 137.

26. Galin D., « Implications for psychiatry of left and right cerebral specialization. A neurophysiological context for unconscious processes », *Arch. Gen. Psychiatry*, 1974, 31, p. 572-583.

27. Marshall J. C., Halligan P. W., « Blindsight and insight in visuo-spatial neglect », *Nature*, 1988, 336, p. 766-767.

28. Damasio A., *L'Autre Moi-Même. Les nouvelles cartes du cerveau, de la conscience et des émotions*, Odile Jacob, 2010.

Chapitre 4. De la psychose à la schizophrénie : Freud, Lacan et l'approche neuroscientifique

1. Libet B., Gleason, C. A., Wright E. W., Pearl D. K., « Time of conscious intention to act in relation to onset of cerebral activity (readiness-potential). The unconscious initiation of a freely voluntary act », *Brain J. Neurol.*, 1983, 106 (Pt 3), p. 623-642.

2. Raichle M. E. *et al.*, « A default mode of brain function. », *Proc. Natl. Acad. Sci. USA*, 2001, 98, p. 676-682.

3. Fox K. C. R., Nijeboer S., Solomonova E., Domhoff G. W., Christoff K., « Dreaming as mind wandering : Evidence from functional neuroimaging and first-person content reports », *Front. Hum. Neurosci.*, 2013, 7, p. 412.

4. Mineroff Z., Blank I. A., Mahowald K., Fedorenko E., « A robust dissociation among the language, multiple demand, and default mode networks : Evidence from inter-region correlations in effect size », *Neuropsychologia*, 2018, 119, p. 501-511.

5. Laplanche J., Pontalis J.-B., *Vocabulaire de la psychanalyse*, *op. cit.*, p. 164.

6. Lacan J., *Le Séminaire*, livre 3 : *Les Psychoses*, Seuil, 1981, p. 228.

7. Lacan J., *Le Séminaire*, livre 5 : *Les Formations de l'inconscient*, Seuil, 1998, séminaire du 22 janvier 1958.

8. Lemaire A., *Jacques Lacan*, Pierre Mardaga, 1977, p. 190.

9. Lacan J., *Écrits*, *op. cit.*, p. 269.

10. Onfray M., *Le Crépuscule d'une idole. L'affabulation freudienne*, *op. cit.*, p. 381.

11. Bleuler E., *Dementia praecox ou groupe des psychoses schizophréniques*, EPEL/GREC, 1993.

12. Schizophrenia Working Group of the Psychiatric Genomics Consortium, « Biological insights from 108 schizophrenia-associated genetic loci », *Nature*, 2014, 511, p. 421-427.

13. Campion D., « Aspects génétiques », in S. Dollfus (dir.), *Les Schizophrénies*, Lavoisier, 2019.

14. Singh T. et *al.*, « Rare coding variants in ten genes confer substantial risk for schizophrenia », *Nature*, 2022, 604, p. 509-516.

15. Hall, J., Trent, S., Thomas, K. L., O'Donovan, M. C., Owen, M. J. « Genetic risk for schizophrenia : Convergence on synaptic pathways involved in plasticity », *Biol. Psychiatry*, 2015, 77, p. 52-58.

16. Menon, V. « Large-scale brain networks and psychopathology : A unifying triple network model », *Trends Cogn. Sci.*, 2011, 15, p. 483-506.

17. Karnath H.-O., Baier B. « Right insula for our sense of limb ownership and self-awareness of actions », *Brain Struct. Funct.*, 2010, 214, p. 411-417.

18. Craig A. D. B., « How do you feel—now ? The anterior insula and human awareness », *Nat. Rev. Neurosci.*, 2009, 10, p. 59-70.

19. Brown J. W., « Conflict effects without conflict in anterior cingulate cortex : Multiple response effects and context specific representations », *NeuroImage*, 2009, 47, p. 334-341.

20. Van Veen V., Carter C. S., « The timing of action-monitoring processes in the anterior cingulate cortex », *J. Cogn. Neurosci.*, 2002, 14, p. 593-602.

21. Klein T. A., Ullsperger M., Danielmeier C., « Error awareness and the insula : Links to neurological and psychiatric diseases », *Front. Hum. Neurosci.*, 2013, 7, 14.

22. Damasio A., *L'Erreur de Descartes, op. cit.*

23. Kapur S., « Psychosis as a state of aberrant salience : A framework linking biology, phenomenology, and pharmacology in schizophrenia », *Am. J. Psychiatry*, 2003, 160, p. 13-23. Palaniyappan L., Liddle, P. F., « Does the salience network play a cardinal role in psychosis ? An emerging hypothesis of insular dysfunction », *J. Psychiatry Neurosci*, 2012, 37, p. 17-27.

24. Jardri R., Pouchet A., Pins D., Thomas P., « Cortical activations during auditory verbal hallucinations in schizophrenia : A coordinate-based meta-analysis », *Am. J. Psychiatry*, 2011, 168, p. 73-81.

25. Pessiglione M., Vinckier F., Bouret S., Daunizeau J., Le Bouc R., « Why not try harder ? Computational approach to motivation deficits in neuro-psychiatric diseases », *Brain J. Neurol.*, 2018, 141, p. 629-650.

26. Olabi B. *et al.*, « Are there progressive brain changes in schizophrenia ? A meta-analysis of structural magnetic resonance imaging studies », *Biol. Psychiatry*, 2011, 70, p. 88-96. Wright I. C. *et al.*, « Meta-analysis of regional brain volumes in schizophrenia », *Am. J. Psychiatry*, 2000, 157, p. 16-25.

27. Schultz W., « Dopamine reward prediction-error signalling : A two-component response », *Nat. Rev. Neurosci.*, 2016, 17, p. 183-195.

28. Winton-Brown T. T., Fusar-Poli, P., Ungless M. A., Howes O. D., « Dopaminergic basis of salience dysregulation in psychosis », *Trends Neurosci.*, 2014, 37, p. 85-94.

29. Fletcher P. C., Frith C. D., « Perceiving is believing : A Bayesian approach to explaining the positive symptoms of schizophrenia », *Nat. Rev. Neurosci.*, 2009, 10, p. 48-58.

30. Pommier G., *Comment les neurosciences démontrent la psychanalyse*, Flammarion, 2004.

31. *Ibid.*, p. 392.

32. *Ibid.*, p. 289.

33. *Ibid.*, p. 289.

34. Damasio A. R., « Aphasia », N. *Engl. J. Med.*, 1992, 326, p. 531-539.

35. Pinker S., *L'Instinct du langage*, Odile Jacob, 1993.

36. Pommier G., *Comment les neurosciences démontrent la psychanalyse*, *op. cit.*, p. 183.

37. *Ibid.*, p. 208.

38. Quiroga R. Q., Reddy L., Kreiman G., Koch C., Fried I. « Invariant visual representation by single neurons in the human brain », *Nature*, 2005, 435, p. 1102-1107.

39. Pommier G., *Comment les neurosciences démontrent la psychanalyse*, *op. cit.*, p. 121.

40. *Ibid.*, p. 123.

41. *Ibid.*, p. 87.

42. *Ibid.*, p. 101.

43. *Ibid.*, p. 114.

44. *Ibid.*, p. 93.

45. *Ibid.*, p. 80.

46. *Ibid.*, p. 76.

Chapitre 5. La question de l'autisme

1. Dolto Françoise, *La Cause des enfants*, Robert Laffont, 1985, p. 492-493.

2. Kanner L., « Autistic disturbances of affective contact », *Acta Paedopsychiatr.*, 1968, 35, p. 100-136.

3. Bettelheim B., *La Forteresse vide*, Gallimard, 1969, p. 171.

4. *Ibid.*, p. 176.

5. Grove J. *et al.*, « Identification of common genetic risk variants for autism spectrum disorder », *Nat. Genet.*, 2019, 51, p. 431-444.

6. Acuna-Hidalgo R., Veltman J. A., Hoischen A., « New insights into the generation and role of de novo mutations in health and disease », *Genome Biol.*, 2016, 17, p. 241.

7. Iossifov I. *et al.*, « The contribution of de novo coding mutations to autism spectrum disorder », *Nature*, 2014, 515, p. 216-221. Yuen R. K. C. *et al.*, « Whole-genome sequencing of quartet families with autism spectrum disorder », *Nat. Med.*, 2015, 21, p. 185-191.

8. Zhou X. *et al.*, « Integrating de novo and inherited variants in 42 607 autism cases identifies mutations in new moderate-risk genes », *Nature Genetics*, 2022, 54, p. 1305-1319.

9. Husson T. *et al.*, « Rare genetic susceptibility variants assessment in autism spectrum disorder : Detection rate and practical use », *Transl. Psychiatry*, 2020, 10, p. 77.

10. Fu J. M. *et al.*, « Rare coding variation provides insight into the genetic architecture and phenotypic context of autism », *Nature Genetics*, 2022, 54, p. 1320-1331.

11. Bernier R. *et al.*, « Disruptive CHD8 mutations define a subtype of autism early in development », *Cell*, 2014, 158, p. 263-276.

12. Dor Y., Cedar H., « Principles of DNA methylation and their implications for biology and medicine », *The Lancet*, 2018, 392, p. 777-786.

13. Weaver I. C. G. *et al.*, « Epigenetic programming by maternal behavior », *Nat. Neurosci.*, 2004, 7, p. 847-854.

14. Franklin T. B. *et al.*, « Epigenetic transmission of the impact of early stress across generations », *Biol. Psychiatry*, 2010, 68, p. 408-415.

15. Cao-Lei L., Laplante D. P., King S., « Prenatal maternal stress and epigenetics : Review of the human research », *Curr. Mol. Bio. Rep., 2016*, p. 16-25.

16. Wong C. C. Y. *et al.*, « Genome-wide DNA methylation profiling identifies convergent molecular signatures associated with idiopathic and syndromic autism in postmortem human brain tissue », *Hum. Mol. Genet.*, 2019, 28, p. 2201-2211.

17. Courchesne E., Gazestani V. H., Lewis N. E., « Prenatal origins of ASD : The when, what, and how of ASD development », *Trends Neurosci.*, 2020, 43, p. 326-342.

18. SPARK Consortium, SPARK : A US Cohort of 50,000 families to accelerate autism research », *Neuron*, 2018, 97, p. 488-493.

19. Redcay E., Courchesne E., « When is the brain enlarged in autism ? A meta-analysis of all brain size reports », *Biol. Psychiatry*, 2005, 58, p. 1-9.

20. Sacco R., Gabriele S., Persico A. M., « Head circumference and brain size in autism spectrum disorder : A systematic review and meta-analysis », *Psychiatry Res.*, 2015, 234, p. 239-251.

21. Shen M. D. *et al.*, « Early brain enlargement and elevated extra-axial fluid in infants who develop autism spectrum disorder », *Brain J. Neurol.*, 2013, 136, p. 2825-2835.

22. Stoner R. *et al.*, « Patches of disorganization in the neocortex of children with autism », *N. Engl. J. Med.*, 2014, 370, p. 1209-1219.

23. Wegiel J. *et al.*, « The neuropathology of autism : Defects of neurogenesis and neuronal migration, and dysplastic changes », *Acta Neuropathol. (Berl.)*, 2010, 119, p. 755-770.

24. Picci G., Gotts, S. J., Scherf, K. S., « A theoretical rut : Revisiting and critically evaluating the generalized under/over-connectivity hypothesis of autism », *Dev. Sci.*, 2016, 19, p. 524-549.

25. Assaf M. *et al.*, « Abnormal functional connectivity of default mode sub-networks in autism spectrum disorder patients », *NeuroImage*, 2010, 53, p. 247-256.

26. Rizzolatti G., Fabbri-Destro M., « Mirror neurons : from discovery to autism », *Exp. Brain Res.*, 2010, 200, p. 223-237.

27. Fishman I., Keown C. L., Lincoln A. J., Pineda J. A., Müller R.-A., « Atypical cross talk between mentalizing and mirror neuron networks in autism spectrum disorder », *JAMA Psychiatry*, 2014, 71, p. 751-760.

28. Chance S. A., « The cortical microstructural basis of lateralized cognition : A review », *Front. Psychol.*, 2014, 5, p. 820. McKavanagh R., Buckley E., Chance S. A., « Wider minicolumns in autism : A neural basis for altered processing ? », *Brain J. Neurol.*, 2015, 138, p. 2034-2045.

29. Chiron C. *et al.*, « The right brain hemisphere is dominant in human infants », *Brain J. Neurol.*, 1997, 120 (Pt 6), p. 1057-1065.

30. Koechlin E., Jubault T., « Broca's area and the hierarchical organization of human behavior », *Neuron*, 2006, 50, p. 963-974.

31. Rysstad A. L., Pedersen A. V., « Brief report : Non-right-handedness within the autism spectrum disorder », *J. Autism Dev. Disord.*, 2016, 46, p. 1110-1117.

32. Floris D. L. *et al.*, « Atypically rightward cerebral asymmetry in male adults with autism stratifies individuals with and without language delay », *Hum. Brain Mapp.*, 2016, 37, p. 230-253.

33. Cardinale R. C., Shih P., Fishman, I., Ford L. M., Müller R.-A., « Pervasive rightward asymmetry shifts of functional networks in autism spectrum disorder », *JAMA Psychiatry*, 2013, 70, p. 975-982.

34. Postema M. C. *et al.*, « Altered structural brain asymmetry in autism spectrum disorder in a study of 54 datasets », *Nat. Commun.*, 2019, 10, p. 4958.

35. Wiberg A. *et al.*, « Handedness, language areas and neuropsychiatric diseases : Insights from brain imaging and genetics », *Brain J. Neurol.*, 2019, 142, p. 2938-2947.

36. Di X., Azeez A., Li X., Haque E., Biswal B. B., « Disrupted focal white matter integrity in autism spectrum disorder : A voxel-based meta-analysis of diffusion tensor imaging studies », *Prog. Neuropsychopharmacol. Biol. Psychiatry*, 2018, 82, p. 242-248.

37. Wegiel J. *et al.*, « Deficit of corpus callosum axons, reduced axon diameter and decreased area are markers of abnormal development of interhemispheric connections in autistic subjects », *Acta Neuropathol. Commun.*, 2018, 6, p. 143.

38. Paul L. K., Corsello C., Kennedy D. P., Adolphs R., « Agenesis of the corpus callosum and autism : A comprehensive comparison », *Brain J. Neurol.*, 2014, 137, p. 1813-1829.

39. Ingalhalikar M. *et al.*, « Sex differences in the structural connectome of the human brain », *Proc. Natl. Acad. Sci. USA*, 2014, 111, p. 823-828.

40. Baron-Cohen S., Knickmeyer R. C., Belmonte M. K., « Sex differences in the brain : Implications for explaining autism », *Science*, 2005, 310, p. 819-823.

Pour conclure

1. Dehaene S., *Le Code de la conscience, op. cit.* Naccache L., *Le Nouvel Inconscient, op. cit.*

2. Dehaene S., *Le Code de la conscience, op. cit.*

3. Gazzaniga M. S., « Cerebral specialization and interhemispheric communication : Does the corpus callosum enable the human condition ? », *Brain J. Neurol.*, 2000, 123 (Pt 7), p. 1293-1326.

4. Damasio A., *L'Autre Moi-Même, op. cit.*

5. Freud S., *Le Malaise dans la culture*, Flammarion, « Garnier-Flammarion », 2010, p. 73.

6. Gilles Lipovetsky, *L'Ère du vide. Essais sur l'individualisme contemporain*, Gallimard, 1983.

7. Freud S., *Le Malaise dans la culture, op. cit.*, p. 86.

Remerciements

Un grand merci à Didier Hannequin, ami de longue date, pour ses critiques et suggestions toujours stimulantes, et à Nicole ma compagne qui a accepté de jouer le rôle du candide… pas si candide que cela…

Table

Cet ouvrage a été composé par
Le vent se lève... – 16210 Rioux-Martin

N° d'édition : 4150-0411-X – N° d'impression : 032374988
Dépôt légal : avril 2023

Imprimé en France par Présence Graphique